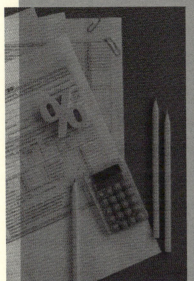

Emerson Wagner Mainardes
Vitor Azzari Vieira
Décio Chaves Rodrigues

Prefácio
**Maria Clara
Cavalcante Bugarim**
*Presidente da Academia
Brasileira de Ciências
Contábeis (ABRACICON).*

manual da qualidade de serviços em escritórios de contabilidade

Copyright © 2022 by Editora Letramento
Copyright © 2022 by Emerson Wagner Mainardes
Copyright © 2022 by Vitor Azzari Vieira
Copyright © 2022 by Décio Chaves Rodrigues

Diretor Editorial | **Gustavo Abreu**
Diretor Administrativo | **Júnior Gaudereto**
Diretor Financeiro | **Cláudio Macedo**
Logística | **Vinícius Santiago**
Comunicação e Marketing | **Giulia Staar**
Assistente de Marketing | **Carol Pires**
Assistente Editorial | **Matteos Moreno e Sarah Júlia Guerra**
Designer Editorial | **Gustavo Zeferino e Luís Otávio Ferreira**

Todos os direitos reservados. Não é permitida a reprodução desta obra sem aprovação do Grupo Editorial Letramento.

Dados Internacionais de Catalogação na Publicação (CIP) de acordo com ISBD

M224m	Mainardes, Emerson Wagner
	Manual da qualidade de serviços em escritórios de contabilidade / Emerson Wagner Mainardes, Vitor Azzari Vieira, Décio Chaves Rodrigues. - Belo Horizonte, MG : Letramento, 2022. 110 p. ; 15,5cm x 22,5cm.
	Inclui bibliografia. ISBN: 978-65-5932-217-6
	1. Contabilidade. 2. Qualidade de serviços. 3. Manual. I. Vieira, Vitor Azzari. II. Rodrigues, Décio Chaves. III. Título.
2022-2411	CDD 657 CDU 657

Elaborado por Vagner Rodolfo da Silva - CRB-8/9410

Índice para catálogo sistemático:
1. Contabilidade 657
2. Contabilidade 657

Rua Magnólia, 1086 | Bairro Caiçara
Belo Horizonte, Minas Gerais | CEP 30770-020
Telefone 31 3327-5771

editoraletramento.com.br ▲ contato@editoraletramento.com.br ▲ editoracasadodireito.com

AGRADECIMENTOS

Muitas pessoas e instituições foram importantes no desenvolvimento dos estudos científicos que resultaram no que é apresentado ao longo deste livro. Portanto, gostaríamos de agradecer a todos que doaram seu tempo, conhecimento e recursos para que este projeto fosse desenvolvido.

Primeiramente, gostaríamos de agradecer ao Prof. Dr. Fábio Moraes da Costa e ao Prof. Dr. Aziz Xavier Beiruth. Ambos compuseram a equipe de pesquisadores do projeto e contribuíram diretamente para o planejamento e desenvolvimento dos estudos, garantindo que os resultados encontrados tivessem o necessário rigor científico e relevância prática.

Também gostaríamos de agradecer a todos os vinte entrevistados, dentre eles contadores e consultores de vasta experiência, presidentes de conselhos regionais de contabilidade, empresários que contratam serviços contábeis e professores de ciências contábeis. E a todos os clientes de escritórios de contabilidade que participaram como respondentes das três pesquisas realizadas.

Por fim, gostaríamos também de agradecer à Toluna, empresa que viabilizou a aplicação da pesquisa com mais de 300 clientes de escritórios de contabilidade ao redor do Brasil. E à Fucape Business School, instituição de pesquisa e ensino que proveu os recursos e a estrutura necessária para o desenvolvimento da pesquisa.

SUMÁRIO

9 **PREFÁCIO**
Maria Clara Cavalcante Bugarim

15 **INTRODUÇÃO**

19 **1. A QUALIDADE NOS SERVIÇOS DE CONTABILIDADE**
22 QUALIDADE NOS SERVIÇOS
23 SERVIÇOS INTENSIVOS EM CONHECIMENTO
24 OS SERVIÇOS DE CONTABILIDADE
25 QUALIDADE DE ESCRITÓRIOS DE CONTABILIDADE
25 *A IMPORTÂNCIA DE ENTREGAR QUALIDADE*
27 *ELEMENTOS DA QUALIDADE EM ESCRITÓRIOS DE CONTABILIDADE*

31 **2. CONHECIMENTO DO CONTADOR: A VISÃO CONSULTIVA**
34 PONTO DE VISTA DO CLIENTE
36 PONTO DE VISTA DO CONTADOR
38 FORMA DE MEDIDA DA VISÃO CONSULTIVA

41 **3. CONHECIMENTO DO CONTADOR: A CAPACITAÇÃO TÉCNICA**
44 PONTO DE VISTA DO CLIENTE
45 PONTO DE VISTA DO CONTADOR
48 FORMA DE MEDIDA DA CAPACITAÇÃO TÉCNICA

51 **4. CONHECIMENTO DO CONTADOR:**
O CONHECIMENTO DE CLIENTES
54 PONTO DE VISTA DO CLIENTE
56 PONTO DE VISTA DO CONTADOR
58 FORMA DE MEDIDA DO CONHECIMENTO DE CLIENTES

61 **5. CONFIANÇA NO CONTADOR**
64 PONTO DE VISTA DO CLIENTE
66 PONTO DE VISTA DO CONTADOR
68 FORMA DE MEDIDA DA CONFIANÇA NO CONTADOR

6. EFICIÊNCIA DO CONTADOR

71

74 PONTO DE VISTA DO CLIENTE

76 PONTO DE VISTA DO CONTADOR

78 FORMA DE MEDIDA DA EFICIÊNCIA DO CONTADOR

7. INOVAÇÃO TECNOLÓGICA DO CONTADOR

81

84 PONTO DE VISTA DO CLIENTE

86 PONTO DE VISTA DO CONTADOR

88 FORMA DE MEDIDA DA INOVAÇÃO TECNOLÓGICA DO CONTADOR

8. MENSURAÇÃO DA QUALIDADE DOS SERVIÇOS DE ESCRITÓRIOS DE CONTABILIDADE

91

93 CONTEÚDO DO QUESTIONÁRIO

94 ESTRUTURA DO QUESTIONÁRIO

96 APLICAÇÃO DAS MEDIDAS E ANÁLISE DOS RESULTADOS

99 AÇÕES A REALIZAR PARA RESOLVER PROBLEMAS DE QUALIDADE

100 EXCELÊNCIA NOS SERVIÇOS CONTÁBEIS

102 DICAS FINAIS

9. SUGESTÕES DE LEITURAS

107

PREFÁCIO

Afortunados são aqueles que acordam com uma brilhante ideia e logo partem para a sua concretização. Assim o fizeram os autores deste precioso Manual da Qualidade de Serviços em Escritórios de Contabilidade, Emerson Mainardes, Vitor Azzari e Décio Chaves Rodrigues.

Destacada por sua singularidade, esta obra vem despertar o conceito de muitos profissionais acerca da qualidade e da excelência na prestação de serviços contábeis. Acredito no conceito de que o fomento de publicações dessa natureza contribui em muito para estimular ainda mais o orgulho que temos de nossa profissão.

Quem percorrer as páginas a seguir, encontrará a fórmula ideal para melhorar o modus operandi nos escritórios de contabilidade. Aqueles que se preocupam com a excelência dos serviços prestados e primam pela qualidade no trato com os clientes têm aqui uma inovadora oportunidade de rever conceitos e de buscar a adoção de soluções ainda mais modernas.

O Manual da Qualidade de Serviços em Escritórios de Contabilidade é o que podemos chamar de "livro de cabeceira", quando possui o firme propósito de auxiliar muitos colegas profissionais com uma visão mais holística acerca da melhoria dos serviços contábeis. Em um mercado cada vez mais exigente e, em grande medida, virtual, o cliente de hoje procura um contador ainda mais humanizado, que entra na essência do negócio e apresenta soluções eficazes para o crescimento de sua empresa, oferecendo uma cesta de produtos diferenciados, como assertividade, rapidez e credibilidade nos números e na tomada de decisões.

Com ética e transparência, é possível desenvolver um trabalho focado em uma maior aproximação com os clientes, construindo relacionamentos ainda mais positivos e duradouros. Extremamente necessária, tal aproximação vai ao encontro dos anseios e desejos dos clientes, pois são eles a infalível bússola que indicará para que lado se deve caminhar. Cliente leal é cliente satisfeito e é ele quem fará a melhor propaganda dos serviços perante os novos consumidores.

Tudo isso tem estimulado a busca de novas soluções e alternativas para as mudanças necessárias nos escritórios de contabilidade e, consequentemente, para o alcance do sucesso profissional. Com escritórios mais bem preparados para o pleno e eficaz atendimento, alcançaremos uma imagem sempre positiva perante a sociedade.

É dessa forma que o profissional da contabilidade vai sedimentando a sua essencialidade em qualquer tipo de negócio, provando que, para atender a um público sempre exigente, é necessário caminhar sempre com o espírito renovador e a esperança de que pode fazer muito mais. Enquanto profissionais da contabilidade, já temos a plena ciência que saímos de trás do bureau para gerirmos as informações de que nossos clientes precisam, podendo auxiliá-los na melhor tomada de decisão. Como aliados dos gestores, nossa orientação acerca da saúde organizacional é imprescindível.

Recorro a uma fala do empresário Bill Gates, muito apropriada para esse contexto, em que ele afirma que "o modo como você reúne, administra e usa a informação determina se vencerá ou perderá". E é esse o papel do profissional da contabilidade: reunir e disponibilizar informações confiáveis aos gestores para a uma decisão assertiva.

Assim, somos essenciais em todas as áreas, em todas as empresas e, para isso, devemos nos manter cada vez mais atualizados e "antenados" com as mudanças que já se fazem presentes e com aquelas que ainda estão por vir. Além disso, podemos dizer que somos agentes formadores de opinião, com expressivo poder de transformação social. E, sem falsa modéstia, tenho a certeza de que a classe contábil possui, atualmente, grande potencial para oferecer às empresas um serviço de assessoria gerencial da mais alta qualidade.

Por outro lado, a revolução tecnológica já é uma mudança poderosa em curso e da qual sempre devemos nos lembrar. Se antes utilizávamos o ábaco, hoje utilizamos plataformas ágeis e eficazes. Com esta nova leitura da profissão, chegamos ao limiar de uma mudança profunda da nossa Ciência Contábil, quando, em muitos momentos, delegamos os cálculos às "mãos" dos softwares e de processos informatizados e assumimos uma nova postura dentro das empresas e organizações. Tornamo-nos consultores essenciais para todas as profissões.

A despeito disso, não podemos permitir que a nossa Ciência Contábil seja controlada, em grande número, por técnicos em informática, mas que seja acompanhada por profissionais da contabilidade para fazerem valer a essência da nossa profissão no mercado de trabalho. A máquina tem sido a nossa aliada, mas jamais substituirão nossos profissionais, pois nosso olhar habilidoso será cada vez mais imprescindível. Nossos holofotes estarão sempre voltados para no exercício da verdadeira Ciência Contábil no controle do patrimônio, da ética e da transparência. Esse é um novo caminho, uma nova era, mas temos que nos manter no controle de nossos afazeres.

Por mais que esta preciosa obra nos traga uma fórmula para mensurarmos a qualidade observada nos escritórios de contabilidade, nós, os profissionais, é que manteremos sempre ativo o nosso feeling para a mensuração da excelência dos nossos serviços – e esse nunca falha. Por fim, quero enaltecer a louvável iniciativa dos renomados autores, quando trabalharam arduamente para que esta fonte ímpar de consulta chegasse às nossas mãos.

Como leitura essencial e indispensável para o aprimoramento de nossos conhecimentos e, por conseguinte, de nosso próprio trabalho, desejo que esta publicação seja apenas a primeira de muitas outras e que cada informação e sugestões aqui descritas possam servir de estímulo e de combustível necessário ao constante desenvolvimento dos profissionais da contabilidade.

Maria Clara Cavalcante Bugarim

Presidente da Academia Brasileira de Ciências Contábeis (ABRACICON)

INTRODUÇÃO

Qualidade é uma palavra presente no discurso de praticamente todas as empresas. A maior parte das organizações do mercado promete entregar qualidade para seus clientes, destacando suas vantagens e benefícios frente aos concorrentes. Mas isso não é tão simples. Por ser um conceito abstrato, a qualidade varia conforme as percepções de quem utiliza um produto ou recebe um serviço. Ela não é determinada pela empresa, mas sim pelos seus clientes. A organização pode, no máximo, propor qualidade, mas isso não garante que seus consumidores vão ter a mesma percepção.

Especialmente na área de serviços, entregar qualidade aos clientes é um desafio. Os serviços são variáveis por natureza, visto que são, geralmente, prestados por pessoas, que dificilmente conseguem repetir precisamente suas atividades em todas as oportunidades. Isso faz com que os prestadores de serviços precisem observar, continuamente, as percepções de qualidade na visão dos recebedores do serviço. Diferente de produtos tangíveis, cuja qualidade é mais facilmente garantida por aspectos técnicos, os serviços requerem acompanhamento próximo e constante, visto que a qualidade varia em cada momento da prestação do serviço.

Isso exige o desenvolvimento de instrumentos de medida que permitam avaliar a qualidade do serviço prestado na visão dos clientes. Observar as percepções dos clientes para verificar a qualidade entregue não é uma tarefa tão simples. Isso porque, ao perguntar diretamente aos clientes sobre a qualidade entregue, a probabilidade de respostas não precisas é muito alta. Os clientes podem pensar uma coisa e dizer outra em virtude do questionamento direto realizado pelo seu fornecedor dos serviços. Por isso, é preciso que exista um instrumento de medida que permita obter as percepções dos clientes sem um questionamento direto.

O serviço de contabilidade não foge à regra. Apesar de muitas atividades rotineiras, esse tipo de serviço, que é intensivo em conhecimento, tende a ser variável. Isto é, as percepções sobre a qualidade de um contador e sua equipe variam conforme os clientes, sendo que tal qualidade representa diretamente o desempenho do contador. Assim, é preciso cada contador analisar as percepções de seus clientes e constatar o seu desempenho conforme ele é visto pelos seus consumidores. Ao identificar falhas ou mesmo desempenhos abaixo do esperado, o contador pode investir no que realmente interessa aos clientes, desenvolvendo a qualidade percebida pelos seus consumidores. Isso irá se refletir em retenção de seus clientes, bem como atração de novos, afinal clientes satisfeitos tendem a ser leais. A lealdade resulta em dois aspectos positivos para o contador: a manutenção do cliente a longo prazo e a indicação por quem já utilizou os serviços para outros potenciais clientes.

Portanto, para que se observe a qualidade percebida pelos clientes de escritórios de contabilidade, é preciso medir de modo preciso o desempenho do contador e sua equipe na visão de quem recebe o serviço. Essa é a proposta deste manual. Ao longo do conteúdo apresentado aqui, busca-se mostrar aos contadores como medir a qualidade percebida por seus clientes sem que se faça um questionamento direto sobre as percepções do cliente quanto à qualidade do contador e seu escritório.

O instrumento de medida apresentado aqui é o resultado de um estudo científico empírico aplicado junto a clientes, contadores, professores e consultores. Foram 3 etapas de coleta dos dados ao longo de três anos, uma pesquisa qualitativa em profundidade e duas aplicações de questionários. Após as análises estatísticas e de conteúdo, obteve-se o instrumento que é descrito ao longo desse manual. Sua estrutura é de fácil entendimento e pode ser aplicado por pessoas sem experiência em pesquisa e respondido por qualquer tipo de cliente de escritórios de contabilidade. Os resultados da aplicação deste instrumento de medida podem revelar de modo mais preciso as percepções dos clientes sobre a qualidade entregue pelo escritório de contabilidade. Ao utilizar o instrumento de medida proposto, o contador poderá reconhecer melhorias a serem realizadas, bem como seus pontos fortes. Desenvolver as correções necessárias e saber destacar suas forças junto aos clientes pode resultar em ganho de imagem do contador e seu escritório. E, ao estabelecer um processo de melhoria contínua a partir da visão dos seus clientes, a tendência é que o contador e sua equipe entreguem serviços cada vez melhores.

Essa deve ser a principal meta do contador, visto que os escritórios de contabilidade na atualidade convivem com forte concorrência, além de estarem ameaçados pelas novas tecnologias, que inauguraram, por exemplo, a contabilidade virtual. Ao focar em melhor desempenho, o contador e seu escritório tenderão a ter clientes mais satisfeitos. Quanto mais clientes satisfeitos, mais leais eles serão, o que se reflete na atração de novos clientes e na retenção dos atuais. Assim sendo, a proposta aqui é oferecer uma ferramenta útil para que o contador avalie o desempenho de seu escritório, efetuando os ajustes necessários e alcançando o sucesso!

1.
A QUALIDADE NOS SERVIÇOS DE CONTABILIDADE

Ao longo dos anos, a gestão de escritórios de contabilidade tem evoluído e amadurecido. Isso se deve ao avanço da competitividade e transformação do serviço contábil, que vem se tornando cada vez mais estratégico para as organizações de diferentes portes. Antigamente era algo mais comum vermos empresas que contratavam o contador basicamente por conta de regulamentações que exigem a presença de tal representante na execução de relatórios. Hoje, muitos gestores procuram o contador para gerar informações que realmente os auxiliam nas tomadas de decisões.

Com estas novas exigências, a orientação voltada para os clientes passa a ser um importante foco dos contadores em seus negócios. Esta orientação é baseada no entendimento das necessidades do cliente e o acompanhamento e entrega do serviço contratado, garantindo que as expectativas do contratante sejam alcançadas e até mesmo extrapoladas. Isso é o que podemos chamar da qualidade nos serviços de contabilidade.

Para que os escritórios de contabilidade fortaleçam este tipo de orientação, é necessário um entendimento e controle sobre os aspectos que interferem na qualidade do serviço entregue. Afinal, como seria possível entregar um serviço que é percebido como de alta qualidade se o contador não sabe quais são os elementos que seu cliente entende como importantes? Esse é um ponto delicado para os prestadores de serviço contábil, visto que até o momento ainda temos uma discussão rasa sobre este assunto no ambiente de contabilidade. Isso pode ser explicado por uma falta de direcionamento voltada para a gestão de clientes na formação de contadores e um foco da contabilidade relacionada apenas a questões técnicas da profissão, deixando de lado a gestão de serviço e de clientes.

Vale ressaltar que as mudanças sofridas ao longo dos anos na prestação do serviço contábil e o avanço tecnológico que permitiu um aumento considerável da competitividade no setor, fazem com que a gestão da qualidade dos serviços de contabilidade seja um aspecto cada vez mais importante para um escritório de contabilidade se manter vivo no mercado e fazer com que tal escritório cresça cada vez mais.

Para iniciar essa discussão, aqui discutimos sobre a qualidade de serviços, bem como as características dos serviços de contabilidade e como a qualidade nos serviços deve ser tratada neste setor.

QUALIDADE NOS SERVIÇOS

Há três décadas o tema de qualidade de serviços tem sido estudado por acadêmicos e implementado nas organizações de diferentes setores. Identificar a qualidade de serviços é geralmente algo mais complexo do que em setores de produtos e bens de consumo. Os serviços possuem características intangíveis e, além disso, a percepção de qualidade neste caso envolve não só o resultado, mas também todo o processo de desenvolvimento, desde o seu planejamento até a sua entrega.

Conceitualmente, a qualidade do serviço pode ser interpretada como o julgamento geral do cliente em relação ao serviço prestado. A estrutura da qualidade de serviços se baseia na diferença entre a qualidade percebida e a esperada pelos clientes. Ou seja, um serviço pode ser considerado como de alta qualidade quando as expectativas do cliente são todas atendidas pelo que foi executado e entregue. Portanto, quanto menor for a lacuna entre a expectativa e a entrega real do serviço contratado, maior será a percepção de qualidade do serviço:

Percepção de qualidade = Serviço entregue - Expectativas do cliente

Embora esta fórmula pareça ser um caminho simples para identificar a percepção de qualidade de serviços, um ponto ainda é visto como um grande desafio para pesquisadores e gestores: quais são as expectativas do cliente? E como elas podem ser identificadas e medidas? Para responder estas questões, diferentes modelos foram desenvolvidos com o objetivo de identificar os fatores que refletem a qualidade de um serviço. Por meio destes modelos, é possível analisar cada uma das dimensões que envolvem as expectativas do cliente e que precisam ser levadas em consideração pelo prestador do serviço durante a sua execução.

O modelo mais utilizado até os dias de hoje foi criado por três pesquisadores: A. "Parsu" Parasuraman, Leonard Berry e Valarie Zeithaml. Este modelo foi batizado de SERVQUAL e envolve cinco dimensões:[1]

- Tangibilidade: envolve facilidades físicas, equipamentos e aparência de funcionários.
- Confiabilidade: é a capacidade de executar o serviço prometido de maneira confiável e com precisão.

---

1 Parasuraman, A., Zeithaml, V. A. & Berry, L. L. (1988). SERVQUAL: A multiple-item scale for measuring consumer perceptions of service quality. *Journal of Retailing*. 64, 12–40.

- Responsividade: envolve auxiliar os clientes e fornecer pronto atendimento.
- Garantia: é o conhecimento e cortesia dos funcionários e sua capacidade de inspirar confiança e segurança aos clientes.
- Empatia: é o tratamento e a atenção individual dada aos clientes.

Estas cinco dimensões são vistas como fatores gerais que podem ser identificados em qualquer tipo de serviço. Entretanto, diante da grande gama de serviços ofertados no mercado e diferentes tipos de clientes, é difícil partirmos do princípio que cada um destes fatores irá afetar da mesma forma cada um dos clientes de qualquer tipo de serviço. Muito provavelmente, teremos serviços em que aspectos tangíveis são fundamentais. Por outro lado, há outros serviços em que as instalações físicas são questões menos importantes para a percepção de qualidade, mas o fator garantia é algo primordial. Dessa forma, fica clara uma importante limitação das dimensões propostas pela SERVQUAL. Elas não consideram as especificidades de cada um dos tipos de serviços prestados.

Esse é o caso dos serviços intensivos em conhecimento, que possuem características específicas e que afetam diretamente as expectativas dos clientes e a percepção de qualidade sobre o serviço prestado. A proposta do SERVQUAL indica não evidenciar a qualidade desse tipo de serviço.

SERVIÇOS INTENSIVOS EM CONHECIMENTO

Os serviços intensivos em conhecimento também são conhecidos pela sua sigla em inglês KIBS (knowledge-intensive business services). Como o próprio nome leva a interpretar, englobam os setores que prestam serviços, geralmente para outras empresas, e envolve um alto nível de informação e expertise sobre determinada área. Portanto, a expansão dos KIBS nos últimos tempos pode ser explicada pela também expansão de setores que necessitam contratar este tipo de serviço, gerando assim uma maior demanda por conhecimento, tecnologias e regulações.

Os KIBS também são caracterizados pela sua coprodução. Portanto, os clientes exercem um papel fundamental para a entrega de um serviço de qualidade. Por exemplo, se uma empresa deseja lançar uma campanha publicitária para comunicar ao mercado o seu novo posicionamento, provavelmente eles irão contratar uma agência de publicidade – caracterizada como uma prestadora de serviços intensivos em conhecimento. Durante todo o processo de desenvolvimento da campanha, o cliente participará de diversas reuniões, aprovações e alterações para que a entrega final esteja alinhada com as expectativas do serviço contratado. Afinal, a agência de publicidade não terá uma visão do posicionamento da empresa tão clara quanto a dos próprios gestores da empresa que vivenciam isso no dia a dia. Este exemplo também pode ser aplicado em outros setores que são classificados como KIBS, como escritórios de advocacia, empresas de tecnologia da informação (TI) e escritórios de contabilidade. Isso evidencia que, em KIBS, não é possível entregar um serviço de qualidade sem uma boa cooperação entre o prestador de serviço e o cliente.

O fato das necessidades de os clientes serem muitas vezes únicas e personalizadas, somado a exigência do alto nível de conhecimento e especialidade dos colaboradores e os envolvidos no negócio, fazem com que as empresas de KIBS sejam voláteis e atentas aos seus processos produtivos. Por conta disso, este tipo de serviço também está muito associado à inovação.

De forma específica, a evolução da contabilidade na última década atrelado com a exigência dos clientes permitiu que a inovação estratégica e o conhecimento se tornassem aspectos importantes na prestação destes serviços, deixando de lado cada vez mais as atividades mecanicistas e tornando os escritórios de contabilidade um tipo de KIBS.

OS SERVIÇOS DE CONTABILIDADE

Ao longo de muito tempo os serviços contábeis foram vistos por muitas empresas como uma mera obrigação. A imagem do contador estava associada ao desenvolvimento dos demonstrativos contábeis da organização, além dos cálculos de pagamento de impostos sobre os produtos e/ou serviços vendidos e encargos trabalhistas. Além disso, o contador era basicamente atrelado a curadoria dos registros financeiros e tributários da empresa para fins regulatórios. Entretanto, com o avanço tecnológico, o serviço contábil passou a sentir a necessidade de se reinventar. O chamado "contador guarda-livros" perde cada vez mais espaço no mercado. Muitas destas atividades burocráticas e mecânicas que foram atreladas ao contador durante décadas, hoje podem ser implementadas com auxílio de inteligência virtual e aprendizado de máquina. Atualmente softwares e serviços digitais são oferecidos para que as próprias empresas, a partir do abastecimento do sistema com dados diários, gerem seus relatórios e os acompanhem em tempo real.

Com este avanço tecnológico, a percepção de valor agregado do serviço contábil mudou. Hoje, os clientes que contratam um contador desejam que ele participe ativamente da concepção de suas estratégias de gestão tributária e financeira. O contador guarda-livros deu lugar ao contador consultor de negócios. A sua atuação passa a ser mais próxima dos clientes, podendo atuar em problemas e tomadas de decisões pontuais. Este aumento do foco em inovação e conhecimento fez com que as atividades contábeis estejam associadas a características de serviços intensivos em conhecimento.

Com base nestas evoluções do serviço contábil, é preciso que os escritórios também evoluam na sua gestão. Embora os contadores lidem com um tipo de serviço específico que é geralmente prestado para outras organizações, a gestão destas empresas necessita ser realizada de maneira semelhante à de outros setores, tomando suas decisões centradas no cliente. Assim, contadores que queiram competir nesta nova realidade potencialmente precisarão focar nas expectativas de seus contratantes entregando um serviço que é visto como de qualidade. Caso contrário, é provável que venham a desaparecer diante do aumento constante da competição neste mercado.

QUALIDADE DE ESCRITÓRIOS DE CONTABILIDADE

Como dito anteriormente, o conceito de qualidade está diretamente associado ao atendimento das expectativas dos clientes. Isso é uma regra geral que pode ser aplicada para diferentes setores. Entretanto, as expectativas dos clientes se alteram a depender do tipo de serviços que estão contratando. No caso da contabilidade, caracterizada como um ambiente de alto índice de informações, há vários aspectos que podem compor as expectativas que o cliente possui. Cabe ao contador entender e analisar cada um destes elementos sabendo dos benefícios que a qualidade de serviços pode gerar para o seu negócio.

A IMPORTÂNCIA DE ENTREGAR QUALIDADE

Ainda é comum nos depararmos nos dias de hoje com gestores de escritórios de contabilidade que não tratam a qualidade de serviços com o cuidado como deveriam. É preciso ressaltarmos a importância de execução de serviços centralizada em atingir e superar as expectativas dos clientes.

Um serviço ser percebido como de alta qualidade pelo contratante pode implicar benefícios de curto e longo-prazo. A curto prazo, a percepção de qualidade gera satisfação. Por sua vez, o cliente satisfeito estará mais propenso a manter por mais tempo o contrato com o escritório de contabilidade e provavelmente também realizará recomendações a outras empresas. Dessa forma, surgem os benefícios de longo prazo da manutenção e aumento da carteira de clientes do escritório de contabilidade.

Além do escritório de contabilidade ter mais oportunidades de novos negócios, ele também terá uma maior flexibilidade para propor o preço dos seus serviços. É o que chamamos de preço premium. Clientes que estão satisfeitos com o que foi entregue estão mais propensos a pagar um valor acima da média do mercado. Isso se deve ao fato de que a percepção de qualidade gera uma maior percepção de valor do serviço entregue. Portanto, o que podemos perceber é que a qualidade de serviços gera uma sinergia de benefícios para empresa, conforme apresentamos na figura 1.

Figura 1. *Benefícios da qualidade de serviços*

Mas, diante de tantos benefícios já conhecidos de uma gestão voltada para a qualidade de serviços, por que muitos contadores ainda não alinham os seus negócios para este objetivo central? Há algumas explicações para isso. O primeiro ponto diz respeito às demandas rotineiras e às atividades que surgem para serem feitas de uma hora para outra. Isso obriga o contador a atuar como um apagador de incêndios, impedindo que ele tenha tempo para pensar em negócio da melhor forma.

O segundo ponto é a falta de uma formação voltada para isso. Muitas vezes, os contadores abrem os seus próprios escritórios e adquirem novos clientes sem um bom planejamento de gestão e de crescimento do negócio. É preciso ressaltar que a formação de contadores ainda nos dias de hoje está muito voltada para um desenvolvimento técnico, mas não de gestão. Algumas instituições de ensino já são responsáveis por mudar esta ótica, mas ainda são uma minoria no mercado. Isso acaba prejudicando a habilidade de adaptação ao novo tipo de visão de serviços contábeis centralizada nas expectativas do cliente.

O terceiro ponto, e o considerado o mais crítico, é a falta de conhecimento sobre os elementos que envolvem a entrega de serviços contábeis de alta qualidade. Mesmo que o contador reserve um tempo de sua rotina para pensar na melhoria da sua prestação de serviço, e mesmo que ele busque se qualificar para isso, é preciso que ele tenha um entendimento claro de quais são os elementos que estão envolvidos na percepção de qualidade dos serviços contábeis na visão dos clientes, já que isso irá guiar a sua gestão centralizada no cliente. Como vimos anteriormente, modelos surgiram ao longo do tempo com o objetivo de identificar tais elementos, mas não são focados em um setor específico e sim em todo tipo de serviço. Entretanto, devido as especificidades do serviço de contabilidade, é preciso entendermos quais os elementos que compõem a percepção de qualidade neste setor.[2] Afinal, sem isso será muito difícil para os escritórios de contabilidade formularem estratégias focadas nas expectativas de seus clientes.

ELEMENTOS DA QUALIDADE EM ESCRITÓRIOS DE CONTABILIDADE

Dividimos os elementos da qualidade de serviços contábeis em quatro blocos principais. São eles o conhecimento do contador, a confiança no contador, a eficiência do contador e a inovação tecnológica (apresentados na Figura 2). Com este modelo, podemos perceber a necessidade do escritório de contabilidade em analisar aspectos técnicos, estratégicos e relacionais.

---

2 Azzari, V., Mainardes, E. W., & da Costa, F. M. (2020). Accounting services quality: a systematic literature review and bibliometric analysis. *Asian Journal of Accounting Research*, 6 (1), 80-94. https://doi.org/10.1108/AJAR-07-2020-0056

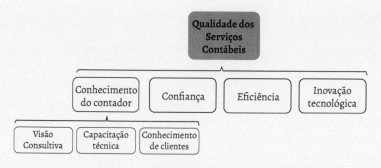

Figura 2. *Elementos da qualidade dos serviços contábeis*

O primeiro elemento é o conhecimento do contador, que engloba aspectos voltados para a capacitação do profissional de contabilidade e sua habilidade técnica para lidar com os serviços prestados. Este elemento é subdivido em três partes. A primeira é a visão consultiva, que destaca o novo papel do contador no ambiente de transformação da contabilidade, em que os prestadores de serviços contábeis estão sendo cada vez mais cobrados para atuarem de forma estratégica e analítica para os seus clientes. A segunda, a capacitação técnica, que considera a necessidade de atualização e conhecimento técnico do contador. Por se tratar de um setor que se baseia em normas tributárias, financeiras e legislativas que estão em constante alteração, o contador precisa ter um bom entendimento sobre estes aspectos para prestar um serviço adequado. E, por fim, o conhecimento de clientes, que diz respeito às informações e preparo que o contador tem em relação às especificidades de seus clientes e os setores que atuam.

O segundo elemento apresentado é a confiança. Ela representa a credibilidade do serviço contábil perante os clientes. Este aspecto destaca o relacionamento entre o contador e seus clientes, fazendo com que haja uma segurança nas trocas de informações entre as partes. Isso é algo essencial para a percepção de qualidade dos serviços de contabilidade.

A eficiência é definida como a capacidade do contador em ser competente, produtivo e de conseguir cumprir os prazos sempre com o máximo de assertividade. Este elemento se encaixa em um ponto de vista mais objetivo e tangível. Destaca os aspectos que ficam visíveis para os clientes mais claramente quando o serviço é entregue. São muito importantes pois diz respeito a pontos que podem prejudicar os resultados das empresas que contratam o serviço, visto que o não cumprimento de prazos e a presença de erros nos serviços entregues podem fazer com que os clientes paguem multas ou até tomem decisões estratégicas equivocadas.

Por fim, a inovação tecnológica permeia principalmente a implementação de novos sistemas e processos automatizados, que facilitam, agilizam e auxiliam a evolução das atividades que envolvem a prestação do serviço, podendo gerar benefícios, como a eliminação de trabalhos manuais desnecessários.

Nos próximos capítulos deste livro, discute-se detalhadamente cada um desses elementos que englobam a qualidade dos serviços contábeis, bem como os itens que os compõem. Para isso, iremos desenvolver uma discussão sobre duas óticas principais: o ponto de vista do cliente, com a percepção de como estes elementos afetam a sua visão sobre o serviço prestado – que por sua vez pode alterar a relação que possuem com o escritório de contabilidade – e o ponto de vista do contador, com os cuidados e direcionamentos que ele precisa tomar ao tratar cada um dos elementos na execução do serviço.

2.
CONHECIMENTO DO CONTADOR: A VISÃO CONSULTIVA

Tradicionalmente, a contabilidade é vista como uma atividade burocrática para atender obrigações legais da empresa. A obrigatoriedade implícita aliada ao tecnicismo da metodologia e da linguagem concorrem para torná-la desinteressante aos olhos dos seus usuários, em especial gestores e proprietários das empresas, sendo percebida pelos não iniciados nessa área, como complexa e pouco útil.

Porém, o avanço social e tecnológico exigiu dos praticantes da contabilidade uma postura inovadora. Os relatórios e demonstrativos continuam sendo obrigatórios, assim como as exigências legais, sociais e fiscais a cargo da contabilidade, contudo são atividades que podem ser automatizadas. Os empresários, gestores e demais contratantes da contabilidade passam a demandar uma postura analítica, estratégica, proativa e propositiva dos contadores, requerendo amplo envolvimento na definição dos rumos da empresa. Em outras palavras, o contador deve abandonar a posição caricata de guarda-livros, assumindo a postura de consultor, envolvendo-se de maneira abrangente no negócio do seu cliente. Muda-se o foco: o negócio assume protagonismo em relação aos processos contábeis. Surge então o contador com visão consultiva, que é definida como o papel estratégico do contador em propor melhorias aos seus clientes e gerar informações que auxiliam na tomada de decisão de suas empresas.

O emprego da visão consultiva nos serviços contábeis não significa o abandono do trabalho técnico tradicional, ao contrário, pois este é a base para a atuação ampliada do contador. A análise dos dados e das informações produzidas é o primeiro passo para a atuação estratégica. Cumprida esta etapa, o contador estará apto a apresentar ao seu cliente, por meio de linguagem acessível e utilização de relatórios amigáveis, proposições que impactam as decisões da empresa. Por exemplo, o contador dispõe de informações e conhecimentos para analisar a precificação de produtos e serviços estabelecida pelo cliente, podendo apresentar análises de margens e volumes, sugerindo as alterações necessárias para adequação ao modelo de negócios adotado.

Há, entretanto, etapas precedentes. É imprescindível que o contador estabeleça um relacionamento colaborativo com o seu cliente, construindo um ambiente no qual haja compartilhamento de conhecimentos e experiências. Também é obrigatório conhecer o cliente e o seu modelo de negócio, mesmo que este não esteja explicitamente formalizado. Por último, o profissional deve estar atento a sua qualificação para o exercício da visão consultiva, mantendo-se atualizado não somente nos aspectos técnicos e legais da sua profissão, mas também sobre temas relacionados a gestão empresarial.

Produzir informações compreensíveis e úteis, apoiar a tomada de decisão, propor melhorias para aumentar a geração de valor: este é o papel do contador focado na visão consultiva, associando ao trabalho técnico um componente estratégico para entregar valor ao seu cliente.

PONTO DE VISTA DO CLIENTE

Geralmente, quando um empresário ou um gestor de uma empresa contrata um contador, ele não tem a dimensão do potencial de contribuição que este profissional pode trazer para o negócio. Ainda nos dias de hoje, muitos empresários costumam associar a procura por um contador pelo fato de muitas vezes ser um serviço obrigatório, principalmente por questões fiscais e legais perante os governos federal, estadual e municipal. E muitas vezes deixam de lado a capacidade que o serviço de contabilidade tem em contribuir com as atividades da empresa contratante.

Por desconhecer as variadas atividades da contabilidade, os clientes tendem a subestimar tal atividade. É neste aspecto que o contador precisa se esforçar para demostrar o seu real valor. Como a maior parte dos empresários e gestores possui conhecimentos limitados a respeito da contabilidade, os clientes geralmente exploram apenas uma pequena parcela do potencial do contador. E isso precisa ser visto como um problema, pois, com o passar do tempo, os clientes começam a enxergar o serviço contábil como uma despesa obrigatória e que pouco contribui para o negócio. Em outras palavras, é "um boleto a mais para pagar".

Isso pode desencadear consequências ruins, como uma pressão por redução de preços dos serviços e uma tendência em postergar pagamentos. Estas ações muitas vezes demonstram que os clientes atribuem pouco valor aos serviços contábeis. E isso está normalmente relacionado ao fato de os contadores não conseguirem demonstrar de forma clara o seu valor. Assim, visão consultiva pode ser uma maneira de o contador mostrar o quanto ele pode colaborar com os negócios de seus clientes sob uma ótica não mais mecanista, mas sim estratégica.

Há várias maneiras do contador demonstrar ter uma visão consultiva. Uma delas é por meio de atitudes proativas na análise das informações dos clientes. Para as empresas contratantes, se o contador trouxer soluções, apontar correções, ajudar com informações para a tomada de decisão, o valor do serviço prestado passa a ser maior. Por exemplo, o cliente não precisa demandar do contador informações e indicadores, pois o próprio contador, de modo ativo, pode trazer isso para seus clientes. Se o contador analisa informações e observa elementos importantes para os seus clientes, ele pode levar isso aos clientes, mesmo que eles não tenham pedido.

Ao listar práticas que podem beneficiar os clientes, reduzindo custos ou ampliando faturamentos, o contador passa a ser um elemento estratégico. Dessa forma, o cliente tende a deixar de reclamar dos serviços contábeis, quando apenas o vê como um gasto para a empresa. Ao contrário, ele passa a atribuir cada vez mais valor ao contador, associando-o a um parceiro no negócio.

O primeiro passo da visão consultiva é justamente agir antecipadamente ao reunir as informações dos clientes e analisá-las, afinal o contador tem a vida dos seus clientes devidamente registrada. Como grande parte dos clientes não possui os conhecimentos necessários para enxergar problemas e soluções nos números da empresa, o contador pode provar o seu real valor neste aspecto. É claro que, para isso, os clientes precisam permitir este tipo de análise. Mas, demonstrar interesse pelos clientes, apresentando sugestões iniciais e potenciais soluções, vai fazer os clientes ouvirem o que o contador tem a dizer. É certo que muitos clientes gostariam de contar com seus contadores como consultores do negócio.

Entretanto, há um detalhe importante que precisa ser ressaltado. O contador deve desenvolver as competências necessárias para ser um consultor, bem como demonstrar isso aos clientes. Isso requer formação continuada, participando sempre de treinamentos e capacitações, não somente se especializando na contabilidade, mas também na gestão de empresas, o que facilita ao contador desenvolver uma visão ampla dos negócios dos seus clientes.

Por exemplo, se o contador tem como clientes vários postos de combustível, entender desse tipo de negócio vai auxiliar ao contador ser um elemento útil para os seus contratantes. E é isso que, com certeza, os clientes almejam. Ao desenvolver continuamente conhecimentos contábeis e de gestão, o contador, assumindo um papel de consultor, vai ajudar os seus clientes a prosperarem. E a prosperidade pode trazer benefícios para o próprio contador: seus clientes sobrevivem e crescem, favorecendo a própria sobrevivência do escritório de contabilidade. Além disso, clientes que veem o seu contador como um parceiro no negócio, indicam o contador para outros, ajudando a ampliar a base de clientes do escritório de contabilidade.

Em resumo, quando o contador se dispõe a desenvolver sua visão consultiva, os benefícios tendem a se estender a todos os envolvidos, clientes e contador. Só que o contador precisa estar preparado para essa forma de trabalhar, se desenvolvendo para dar conta das demandas dos clientes em termos de análise de informações, proposição de soluções e benefícios, agir antecipadamente, sinalizar problemas, entre outros. Proatividade, capacidade de análise e conhecimentos atualizados indicam ser a base para um contador desenvolver a sua visão consultiva.

PONTO DE VISTA DO CONTADOR

A atividade das empresas de serviços contábeis compreende um conjunto de tarefas estruturadas e não estruturadas que exige conhecimento técnico, velocidade de resposta, disponibilidade, atenção aos detalhes e precisão. Neste contexto, as rotinas demandam esforços e comprometimento, direcionando sobremaneira o trabalho do contador.

Atrelado ao serviço contábil, de um lado, estão as inúmeras regras legais e infra legais com toda a sua complexidade e multiplicidade de interpretação, normas contábeis extensas e igualmente complexas, muitas obrigações e exigências a serem cumpridas, a vigilância ininterrupta de agentes do fisco e órgãos correlatos, além de prazos exíguos.

Do outro lado apresentam-se os clientes, com atuações em diferentes segmentos e demandas relacionadas às diversas áreas dos seus negócios, evidenciando um conhecimento mínimo das obrigações a serem cumpridas pelo contador. Não raro, notadamente nos empreendimentos menores, o contador é o único profissional ao qual o empresário tem acesso direto, submetendo a ele assuntos por vezes distintos da contabilidade, por exemplo, relacionados a metrologia, meio ambiente, regularização fundiária, propriedade intelectual, questões jurídicas e outros.

Adicionalmente, em alguns casos, são identificados comportamentos de informalidade por parte das empresas no reconhecimento de receitas e despesas, resultando em um conjunto de informações contábeis de menor utilidade, além dos riscos de uma possível auditoria por parte da fiscalização tributária. É um ambiente desafiador para a atividade contábil.

Para se desincumbir das obrigações contratadas com a qualidade desejada e esperada pelos clientes, é necessário, além da capacitação profissional, estruturar os serviços a serem prestados, compreendendo a formação de uma equipe bem treinada e estruturação dos processos internos com ampla utilização de tecnologia, possibilitando maior disponibilidade de tempo ao cliente. Isto requer investimentos nem sempre remunerados pelos honorários estipulados já que os clientes exigem, cada vez mais, valores menores pelos serviços contábeis, aproveitando principalmente a oferta disponível de serviços.

Tudo contribui para a atuação eminentemente técnica e menos estratégica do contador. Como existem transações informais, de nada vale preparar relatórios contábeis utilizando dados parciais das empresas, resultando em informações que não refletem as situações financeira e patrimonial das mesmas. Não há como identificar, com dados pouco informativos, anormalidades nos negócios dos clientes. Os honorários recebidos desestimulam maior dedicação aos clientes, exigindo uma clientela crescente para manter um mínimo de rentabilidade no negócio contábil.

Mesmo com todos os obstáculos, vários contadores vêm achando caminhos, se reinventando para prestar serviços eficazes às empresas e aos empresários. A mudança decorre das exigências do mercado, da evolução tecnológica que possibilita novas maneiras de execução do trabalho e, principalmente, da conscientização destes profissionais sobre a necessidade de ruptura com o modelo arcaico de prestação de serviços para garantir a continuidade sustentável da sua atividade.

Com o avanço da tecnologia, o profissional da contabilidade dispõe de amplo ferramental para automação das suas atividades, liberando horas adicionais para se dedicar a atividades estratégicas dos seus clientes e do seu próprio negócio. As tecnologias empregadas envolvem softwares de gestão contábil com ferramentas de captura e integração de informações fiscais e contábeis, como documentos fiscais diversos, extratos bancários e outros, CRM (*Customer Relationship Management*) e diversas aplicações para atendimento virtual ao cliente e uma infinidade de soluções para tarefas específicas.

A liberação do contador para atividades estratégicas resulta em planejamento e gestão mais adequados do seu negócio e direcionamento dos seus esforços mais valiosos para o atendimento das necessidades e expectativas dos seus clientes. Assim, obtêm-se o tempo necessário para análise das informações processadas e suas implicações, de forma individualizada por cliente, possibilitando avaliar as evoluções dos números e indicadores de desempenho mais importantes.

A análise dos dados e informações contábeis sob sua responsabilidade permite ao contador se antecipar às necessidades dos clientes, apresentando-lhes diagnósticos, opiniões e sugestões sobre o desempenho contábil e financeiro das suas empresas. Este processo de apoio à decisão do cliente pode resultar em gerenciamento mais agressivo das despesas, alternativas para alavancar receitas, gestão mais adequada do fluxo de caixa ou em qualquer outra melhoria advinda do conhecimento das informações contábeis da empresa.

A atuação proativa, propositiva, ou seja, mais estratégica do contador, levando ao seu cliente condições mais assertivas para o sucesso financeiro e empresarial como um todo, resulta na percepção de maior valor no serviço prestado e, por consequência a aceitação de honorários mais elevados. Depreende-se que a visão consultiva, quando empreendida pelo contador, resulta em benefícios para todos. O cliente, ao dispor de conhecimentos sobre o desempenho do seu negócio e com o apoio do contador, adquire melhores condições de sucesso nas suas decisões e no seu negócio. O contador, além do melhor relacionamento e confiança, passa a ser mais valorizado, podendo ser mais valioso para os clientes, garantindo a sustentabilidade do seu negócio.

FORMA DE MEDIDA DA VISÃO CONSULTIVA

Para um contador que se convenceu que a visão consultiva pode ser o futuro do seu escritório de contabilidade, o primeiro passo é avaliar como está a sua visão consultiva sob o ponto de vista dos clientes. As vezes o contador acha que tem tal visão, mas os clientes não enxergam isso. Portanto, a primeira coisa a fazer é investigar junto aos clientes como eles enxergam o potencial consultor que existe no seu contador.

Se o contador perguntar diretamente aos clientes sobre visão consultiva, provavelmente os clientes nem saberão o que responder. É um tipo de conceito que não conseguimos capturar perguntando diretamente. É preciso olhar de forma indireta, vendo se os clientes reconhecem as bases da visão consultiva. Portanto, recomendamos medi-la utilizando três indicadores (Figura 3) que são apresentados para os clientes por meio das 3 frases a seguir. Eles deverão atribuir uma nota para cada uma (por exemplo, de 0 a 10, sendo que 0 é discordância total e 10 é concordância total).

Figura 3. *Indicadores da visão consultiva*

Frase 1: O meu contador interpreta e analisa as informações contábeis dos clientes.

Ao solicitar aos clientes que avaliem se seu contador (ou escritório) se interessa pelas informações da empresa, o contador terá uma visão clara de como os clientes enxergam o cuidado que os contadores têm por seus clientes. Se as notas forem baixas, isso é uma evidência que está faltando a visão consultiva por parte do contador e vice-versa. Esse resultado pode dar base para os contadores mudarem de atitude e ampliarem os seus esforços para ajudar seus clientes na gestão dos seus negócios.

Frase 2: O meu contador é proativo em propor práticas que geram benefícios aos clientes.

Outra evidência de visão consultiva é a proatividade do contador (ou de seu escritório) no ponto de vista dos clientes. Pouco adianta o contador ser proativo se os clientes não enxergam isso. Desta forma, é preciso pedir para os clientes avaliarem a proatividade do contador. Se os clientes não veem isso, é algo que pode requerer atenção dos contadores na busca por desenvolver a visão consultiva.

Frase 3: O meu contador participa (ou comenta que participa) constantemente de treinamentos e capacitações.

A terceira evidência da visão consultiva no ponto de vista dos clientes é ter ciência que o contador e seu escritório estão atualizados, estão preocupados em desenvolverem conhecimentos para auxiliarem adequadamente aos clientes. Mesmo que o contador e sua equipe estejam constantemente se atualizando, isso precisa chegar aos ouvidos dos clientes. Eles precisam estar convictos que o contador está atualizado, favorecendo o desenvolvimento da visão consultiva pelo contador.

Em suma, se o contador quer observar a sua potencial visão consultiva na ótica dos clientes, é preciso falar com eles, pesquisá-los de forma sincera. É preciso conhecer a realidade, pois se um contador e sua equipe desenvolvem uma visão consultiva, isso poderá aumentar a qualidade dos serviços do escritório de contabilidade. Além disso, é importante periodicamente pesquisar os clientes no que se refere aos aspectos acima para observar a evolução do contador e sua equipe na melhoria da visão consultiva e, por consequência, da qualidade dos serviços do contador e seu escritório.

3.
CONHECIMENTO DO CONTADOR: A CAPACITAÇÃO TÉCNICA

O exercício da contabilidade exige o domínio de um conjunto amplo de normas técnicas e que estão em evolução contínua, seja para acompanhar as mudanças nos ambientes das empresas ou mesmo o avanço da sociedade. O domínio das normas implica na capacidade de interpretá-las e aplicá-las, produzindo informações úteis para todos os interessados. Se por um lado o profissional da contabilidade precisa seguir princípios e convenções contábeis, por assim dizer, mais consolidados e estáveis, de outro lado precisa estar vigilante à evolução da ciência e suas normas, e como ela retrata os negócios, a geração de valor e a avaliação dos patrimônios.

Ademais, a contabilidade interage sobremaneira com os aspectos legais de cada jurisdição, devendo atentar-se com muita ênfase às regras societárias e tributárias. Em ambientes voláteis, nos quais a cada dia são forjadas novas estruturas de empresas e negócios, as regras legais evoluem, exigindo do contador pronto conhecimento destas mudanças para atender empresas que, muitas vezes, operam em mais de uma jurisdição, adotando estruturas societárias complexas, nas quais a geração de valor não respeita fronteiras.

Esta conjuntura exige do profissional rigorosa capacitação técnica, definida como a constante necessidade de atualização e conhecimento técnico exigido para a execução do serviço. Por exemplo, o profissional que dominava o reconhecimento e registro de operações de leasing a alguns anos atrás, hoje está totalmente defasado, haja vista as mudanças contábeis relacionadas ao assunto. Também ocorreram mudanças recentes no reconhecimento de receitas e uma nova estrutura para as demonstrações dos resultados estão sendo analisadas pelos formuladores das normas contábeis.

Não basta, portanto, ser graduado para deter conhecimento e capacitação necessários para o desempenho das atividades. O profissional deve estar em permanente processo de capacitação e aquisição de novos conhecimentos, verificando sempre como aplicá-los, de forma a contribuir com um conjunto de informações tempestivas, conformes e úteis, que atendam os aspectos legais e gerenciais de cada empresa ou negócio sob sua responsabilidade técnica.

PONTO DE VISTA DO CLIENTE

Quando um empresário ou gestor de uma empresa contrata um contador (ou escritório de contabilidade), ele está contratando um serviço muito específico, que serve para que a empresa esteja regulada fiscal e contabilmente. Além disso, a contratação dos serviços contábeis envolve também aspectos relacionados aos números da empresa. Isso requer competências técnicas.

Deste modo, cabe ao prestador de serviço contábil desenvolver os conhecimentos técnicos necessários para realizar suas atividades. Mas, sabemos que somente ter uma graduação em ciências contábeis não é o suficiente para isso. A legislação fiscal muda com frequência, bem como as normas contábeis são atualizadas periodicamente. Portanto, a atualização constante do contador e sua equipe é praticamente uma obrigatoriedade, pois o serviço contábil depende disso. Os clientes, de modo geral, esperam sempre que seu contador esteja atualizado e capacitado tecnicamente para resolver as questões contábeis e fiscais da empresa, visto que, geralmente, os clientes possuem pouco domínio das atividades realizadas por contadores.

Então cabe a estes profissionais se manterem atualizados, bem como mostrar isso aos clientes, afinal a segurança que os clientes podem sentir no trabalho do contador passa necessariamente por perceber que ele está atualizado e sabe o que faz. Especialmente, os clientes esperam que seu contador tenha amplo domínio do seu negócio, principalmente em termos contábeis e fiscais.

Isso requer uma flexibilidade do contador e de sua equipe para compreender demandas diversas de variados tipos de empresas. Mas, para saber isso, é preciso se capacitar, não somente em questões relacionadas à contabilidade, mas também em relação à gestão de empresas diversas, especificamente no que tange aos setores das empresas para as quais o contador presta os seus serviços. Por exemplo, as demandas de uma fábrica de pães são bem diferentes das demandas de uma loja de roupas. Ambas precisam de serviços contábeis. Porém, as questões a tratar são distintas e cabe ao contador ser flexível o suficiente para dar conta das demandas de ambos os tipos de empresa. Isso requer estudos e conhecimentos atualizados. Ou seja, a capacitação técnica do contador, no ponto de vista dos clientes, também envolve uma compreensão das atividades empresariais de seus clientes.

Compreender os produtos e serviços dos seus contratantes pode ser uma ótima maneira do contador mostrar a qualidade dos seus serviços. Isso requer esforço do contador em conhecer as empresas de seus clientes, um conhecimento que vai além de aspectos fiscais e contábeis. Dessa forma, cabe ao contador se interessar pelos negócios de seus clientes, especialmente demandas que envolvem questões contábeis e fiscais. Mas não somente isso. O cliente espera que o contador se torne um elemento valioso para a gestão da empresa. Se ele demonstra tal interesse, bem como mostrar estar atualizado nos aspectos que impactam os negócios dos clientes, ele provavelmente será visto como um prestador de serviços contábeis de alta qualidade.

E isso, por sua vez, é tudo que um contador quer, pois a valorização do contador pelos clientes é o que faz o escritório de contabilidade prosperar, visto que isso pode levar à satisfação dos seus clientes, ampliando a lealdade dos mesmos e a indicação por eles de novos clientes para o escritório. O contador demonstrar capacitação técnica é o que esperam os clientes.

Tal capacitação envolve a demonstração de atualização, bem como a disponibilidade e flexibilidade do contador para desvendar os negócios de seus clientes em busca de soluções que competem ao contador. Especialmente, o entendimento de questões contábeis e fiscais dos produtos e serviços de cada cliente torna o contador um elemento muito útil para o empresário ou gestor. Deste modo, a notoriedade e reputação do contador só crescem. Isso tem como efeito a atração e retenção de clientes.

PONTO DE VISTA DO CONTADOR

Os escritórios contábeis e, por consequência, o contador, são demandados para inúmeras atividades. Além do exercício da contabilidade que, resumidamente, consiste no registro dos negócios realizados e a apuração dos resultados, espera-se que o contador responda questões relacionadas aos processos de constituição e transformação de empresas, incluindo os registros e licenciamentos em órgãos reguladores como agências e conselhos profissionais, todos os processos relativos à mão-de-obra, incluindo contratação, remuneração e assuntos previdenciários, tributação, finanças, gestão, e vários outros. Este rol amplo de demandas e expectativas exige uma formação sólida e ampla dos profissionais e de seus colaboradores.

As escolas superiores, claro, com exceções positivas, nem sempre entregam uma formação abrangente. Isso exige que o contador constantemente volte sua atenção para a sua capacitação e atualização ao longo do tempo, habilitando-se e propiciando as mesmas condições para que o seu time também se habilite a desempenhar um papel relevante no dia a dia das empresas e dos demais clientes.

A rotina e a diversidade das demandas da contabilidade acabam comprometendo a disponibilidade de tempo para a capacitação do contador. As expectativas dos clientes, por vezes, extrapolam o que seria comum esperar daqueles que exercem a contabilidade. Por exemplo, a abertura de uma farmácia exige vários procedimentos junto ao conselho da categoria. Uma mercearia necessita de licenças adicionais para comercializar pescados e plantas ornamentais. Atividades ligadas a saúde e alimentação precisam cumprir normas sanitárias. Um posto revendedor de combustíveis precisa atender as diversas normas da agência de petróleo, além de vários requisitos ambientais.

Olhando especificamente para assuntos contábeis, depara-se com regras distintas para registrar e apurar resultados, por exemplo, de uma incorporadora imobiliária ou de uma agência de publicidade. Estas também diferem das regras aplicadas a uma indústria frigorífica ou a um salão de beleza. Tudo isso sem contar os diversos regimes tributários aplicáveis, devendo-se para alguns impostos, observar o produto objeto da transação, sua origem, a atividade do fornecedor, a sua destinação e a qualificação do cliente.

Neste ambiente de múltiplas exigências, o profissional tende a deixar em segundo plano a sua capacitação, abstendo-se de acompanhar a evolução das regras contábeis, da legislação e, tão grave quanto os anteriores, abre mão de conhecer as especificidades e necessidades dos negócios dos seus clientes, transferindo as oportunidades de atuação para outros profissionais, sejam da mesma área ou de áreas correlatas, resultando na perda da credibilidade do seu trabalho e, em última instância, na perda do cliente.

É mandatório evitar este ciclo destrutivo que leva o contador e seus clientes ao insucesso. O primeiro ponto é manter-se atualizado sobre normas contábeis e tributárias. Há diversas alternativas para enfrentar este ponto, já que depende unicamente da aquisição de conhecimento amplamente disponível, podendo ser feito de forma independente ou por meio da participação em eventos, cursos, grupos de discussão e outros. O importante é acompanhar as mudanças, se possível fazendo-o mesmo antes das suas implementações, garantindo maior aprendizado e clareza no entendimento do que está sendo proposto, resultando em facilidade na sua aplicação prática. É muito relevante demonstrar aos seus clientes os progressos obtidos, já que, na maioria das vezes, eles não fazem a menor ideia do quanto a contabilidade é dinâmica. Por último, o que vale para o profissional, vale para toda a equipe.

O segundo ponto implica em colocar à disposição dos clientes o conjunto de conhecimentos e habilidade adquiridos ao longo do tempo, prontificando-se a participar na construção de alternativas para as demandas dos clientes, auxiliando inclusive na tomada de decisão. O conhecimento do contador construído ao longo da sua constante capacitação é relevante, ao trazer em seu bojo, conhecimento contábeis e legais sedimentados no ambiente de negócios. Considerando ainda que a contabilidade constitui uma parceria, a conjunção dos conhecimentos técnicos contábeis com a visão empreendedora dos clientes há de resultar em alternativas viáveis e decisões acertadas.

O terceiro ponto está relacionado ao conhecimento do negócio do cliente, que é de suma importância para desenvolvimento de uma contabilidade útil, geradora de valor. Sem conhecer o que o seu cliente faz, e como ele faz, não haverá como lhe entregar informações úteis, nem como compartilhar conhecimento técnico ou qualquer outro conhecimento detido pelo contador, resultando em uma prestação de serviço amorfa. Torna-se impraticável desenvolver um simples planejamento tributário. De forma inversa, o conhecimento abrangente do negócio do cliente propicia um ambiente de troca de informações e conhecimento produtivo. Mesmo que sejam endereçadas questões complexas, a participação e apoio do contador assegurarão informações adequadas para a tomada decisão.

O contador deve desapegar-se da limitação imposta pelo termo contabilidade e atentar-se de que a sua atividade está inserida em um amplo contexto de negócios, sendo relevante o conhecimento e a atuação multidisciplinar, como é exigido das empresas nos seus ambientes de negócios. Manter-se atualizado, estar disponível e conhecer os negócios dos clientes são condições necessárias para o sucesso do profissional de contabilidade e sua equipe.

FORMA DE MEDIDA DA CAPACITAÇÃO TÉCNICA

Os clientes esperam que um prestador de serviços contábeis apresente a capacitação técnica adequada para orientá-los sobre os diversos aspectos que envolvem os seus negócios. Para saber se tais clientes percebem a capacitação técnica do contador, é preciso avaliar isso junto a eles. Portanto, cabe ao contador questionar seus clientes sobre isso. A forma mais adequada é desenvolver um questionário autoadministrado para que o cliente revele suas percepções sobre seu contador. Como perguntar diretamente não se mostra eficaz, o contador deve apresentar as 3 frases na sequência e pedir aos clientes para atribuírem uma nota de 0 a 10, indicando sua concordância com a frase, sendo 0 a discordância total e 10 a concordância total. Tais frases são oriundas dos indicadores que constituem a capacitação técnica (Figura 4).

Figura 4. *Indicadores da capacitação técnica*

Frase 1: O meu contador demonstra atualização quanto a leis e normas.

Neste caso, o que se mede aqui não é a atualização do contador, mas sim a percepção que os clientes têm sobre o contador estar atualizado no que tange às leis e normas relacionadas ao negócio do cliente. Se a nota for baixa, o que falta é o contador demonstrar ao cliente o que ele tem feito para estar atualizado com o que há de mais recente em termos de leis e normas que venham a afetar o negócio do cliente. Deixar o cliente ciente dos cuidados do contador com os conhecimentos necessários para sua atuação transmite segurança aos clientes.

Frase 2: O meu contador possui flexibilidade para atender a diferentes tipos de demandas.

Ao apresentar a frase acima para os clientes, o contador avaliará as percepções dos clientes quanto à capacidade do contador ajudar seus clientes com seus problemas, focando-se principalmente em questões contábeis e fiscais. Caso o cliente avalie com uma nota mais baixa, isso é um sinal de que ele não está vendo claramente a disponibilidade do contador em resolver as questões problemáticas dos seus clientes. É preciso neste caso sugerir aos clientes que dividam com o contador suas demandas, para que ele possa ajudar.

Frase 3: O meu contador possui uma visão clara sobre os produtos e serviços dos clientes.

Esta medida visa observar se os clientes percebem que o contador entende dos negócios da empresa, especialmente as questões referentes ao que a empresa faz. Se a nota for alta, isso é a demonstração que o cliente reconhece que o contador sabe das especificidades da empresa, seus produtos/serviços. Caso a nota seja baixa, isso é preocupante, pois o cliente não está vendo o contador como um potencial solucionador de questões contábeis, financeiras ou fiscais da empresa e seus produtos ou serviços.

Ao avaliar os 3 aspectos apresentados, o contador e sua equipe poderão observar o que pensam os seus clientes a respeito da capacitação técnica do contador e seu escritório. A partir dessas medidas, o contador pode agir para melhorar as percepções dos clientes, ou mesmo para reforçar uma boa imagem referente às suas qualidades técnicas. Pode-se considerar que se o cliente vê uma alta capacitação técnica do contador, seja pela atualização percebida, flexibilidade para resolver demandas e conhecimento de produtos e serviços, o cliente estará vendo qualidade nos serviços do contador, o que pode favorecer a retenção de clientes, bem como a atração de novos clientes.

4.
CONHECIMENTO DO CONTADOR: O CONHECIMENTO DE CLIENTES

O profissional contábil, além da habilitação formal, deve possuir domínio sólido das normas e práticas contábeis e conhecimento abrangente das legislações societária, comercial e tributária, construindo uma estrutura cognitiva amparada na visão estratégica e crítica do ambiente, atualização continuada de conhecimentos e desenvolvimento de habilidades que impactem o desempenho adequado e qualificado da contabilidade.

Todavia, este conjunto abrangente de conhecimentos e habilidades pode não revelar toda a sua utilidade se estiver dissociado das necessidades e atributos específicos de cada cliente ou negócio no qual estão sendo empregados. Isto porque, para revelar toda a sua utilidade, a contabilidade não pode se ater apenas a aspectos fiscais e regulatórios exigidos das empresas, devendo, ao invés disso, conectar-se ao extenso rol de exigências que recai sobre a atividade empresarial. Portanto, que quanto menor o conhecimento específico do cliente ou do seu negócio, menos útil serão os dados apresentados pela contabilidade e menos valorada será a atividade do contador.

Ao juntar a sua expertise com o conhecimento sobre seus clientes, o contador se habilita a exercer a sua atividade de forma a atender as expectativas depositadas na sua contratação. O conhecimento de clientes diz respeito às informações e preparo que o contador deve ter em relação às especificidades de seus clientes e os setores que atuam. Por exemplo, o contador que atende uma empresa com atividade agrícola, deve adquirir conhecimentos sobre as culturas desenvolvidas, compreendendo métodos e períodos de plantio e colheita, prazo de maturação da cultura, prazo de armazenamento e forma de comercialização da produção e demais informações para o correto registro dos fatos contábeis. Com este conhecimento específico, poderá transformar números em informações estratégicas, auxiliando o cliente na obtenção dos seus objetivos.

São evidentes as necessidades específicas de cada cliente, exigindo do contador e da sua equipe, disposição e adaptação às demandas individuais. Interessando-se e conhecendo os seus clientes, o profissional contábil se habilitará a ser um parceiro de valor para o negócio, propiciando ao cliente informações adequadas, decisões assertivas e, ao mesmo tempo, obtendo reconhecimento pelo seu trabalho.

PONTO DE VISTA DO CLIENTE

Uma das principais expectativas de empresários e gestores que contratam um contador é que esse profissional conheça a empresa-cliente. Como o contador vai acompanhar a vida da empresa, é relevante para o seu cliente que o prestador de serviços contábeis tenha uma aprofundada compreensão do negócio, para que possa auxiliar os gestores. Conhecer os clientes revela-se como uma tarefa importante para contadores e respectivos escritórios de contabilidade.

Conhecer clientes é uma das bases fundamentais de bons relacionamentos comerciais. O fornecedor, como um elemento que atende as demandas de seus clientes, precisa saber como seus serviços podem beneficiar seus clientes. Em serviços personalizados, como é o caso dos serviços contábeis, o domínio das demandas dos clientes reflete-se nas características do serviço oferecido e entregue ao contratante.

Portanto, cabe ao contador e sua equipe estudar as especificidades de suas empresas-clientes, visto que cada uma possui demandas diferentes e que requerem serviços sob medida. Mesmo empresas no mesmo setor, como lojas de materiais de construção, por exemplo, possuem necessidades distintas. Apesar de ser o mesmo negócio, com os mesmo produtos e serviços, a forma de gestão sempre será diferente.

Ou seja, não existem empresas iguais, o que torna cada cliente único para o contador. Se são 100 clientes, são 100 casos diferentes e que requerem compreensão e aprendizado. Na visão dos clientes, o contador precisa se tornar um expert em cada empresa-cliente, podendo assim oferecer serviços exclusivos e personalizados. Pelo menos, é isso que os clientes esperam.

Isso pode começar pelo entendimento do ramo de atuação da empresa. Cada setor econômico requer serviços contábeis específicos e o contador, bem como sua equipe, precisam compreender isso, estudando as particularidades de cada ramo de atuação de seus clientes. É claro que há muito em comum, especialmente em termos de regulação e normas, mas não é só isso. Os clientes esperam que o papel do contador não seja só fiscal, mas também financeiro e gerencial. Os contadores são provedores de dados estratégicos para seus clientes, mas isso requer entendimento da realidade de cada cliente.

Deste modo, é esperado pelos clientes que o contador e sua equipe se empenhem em entender o negócio dos clientes, pois somente assim podem colaborar, tornando-se um fornecedor relevante para as empresas-clientes. Principalmente, o reconhecimento das especificidades de cada cliente deve ser uma tarefa constante dos contadores e seus escritórios. Há demandas, por exemplo, que fogem da rotina contábil, e o contador deve estar preparado para isso. São as diferenças, as exceções, que fazem um contador ser visto como sendo de qualidade.

Como já dissemos anteriormente, os clientes esperam ter no contador um parceiro estratégico. Mas como isso pode acontecer se ele não entender o negócio de cada cliente? É nesse ponto que o contador começa a ser diferenciar os demais. Estudar cada cliente, observar as particularidades de cada um, compreender os ambientes de negócios no qual se inserem os clientes, reconhecer demandas específicas, são os primeiros passos para que o serviço contábil seja de excelência.

Isso requer demonstrações explícitas de interesse do contador, demonstrando pró atividade em conhecer cada cliente. A realização de encontros, as sugestões de melhorias, as recomendações a partir dos dados da empresa, indicam ser atividades que o contador deveria realizar para conquistar os clientes, tornando-se um importante recurso gerencial para os empresários e gestores.

É claro que nem todos os clientes estão abertos a isso. Então, como deve ser feito? O contador precisa demonstrar interesse e se mostrar útil. Todo empresário e gestor que vê em um fornecedor a disposição de colaborar com o negócio, começa a atribuir valor a tal serviço. E com o contador, isso não é diferente. Demonstrar domínio sobre os negócios de cada cliente eleva a sua importância, o que se reflete na qualidade do contador percebida pelos clientes.

Além disso, por ser algo incomum, tal conhecimento mostra-se uma fonte de diferenciação e vantagem competitiva. Mas não podemos esquecer de um importante detalhe: os conhecimentos do contador precisam ser ampliados. Para o contador colaborar com a gestão de seus clientes é necessário aprender sobre gestão de empresas. Ficar focado só nos conhecimentos de contabilidade parece ser pouco o contador que deseja se tornar um profundo conhecedor de seus clientes.

Assim, um prestador de serviços contábeis visto como sendo de qualidade sabe mais do que contabilidade em si. Ele também sabe sobre negócios, sobre mercado, sobre competição e sobre gestão. Certamente, na visão dos clientes, contadores com essa visão ampliada possuem maior qualidade do que outros contadores focados em contabilidade fiscal e regulatória. A qualidade do contador, sem dúvida, é muito mais do que o serviço contábil tradicional.

PONTO DE VISTA DO CONTADOR

A relevância da contabilidade e sua relação com o sucesso de qualquer negócio é frequentemente alegada por gestores e empreendedores, mesmo que a verificação desta relevância nem sempre seja tão factível. Ainda assim, reflete toda a expectativa depositada na atividade contábil, soando como um chamado aos profissionais contábeis para atuarem em conjunto com os seus clientes, provendo-os de informações úteis, sugestões, análises e aconselhamentos.

À primeira vista, presume-se esta exigência adicional possa estar muito além dos objetivos e propósitos do contador envolvido com débitos, créditos, impostos, demonstrativos e uma infinidade de outras exigências. Para se desincumbir das suas obrigações, o contador precisa estar atento a regras e prazos, o que consome parcela substancial do seu tempo. Qualquer falha ou inconformidade pode resultar em penalidades substanciais.

Responder às expectativas dos clientes nesta conjuntura, pode expor o contador a demandas além da sua capacidade, propiciando falhas e ineficiência nas suas rotinas diárias. Esperar do profissional envolvimento e conhecimento de atividades diversas, com interesse e disponibilidade para atender as mais diferentes demandas dos clientes e de suas empresas, parece não ser adequado à atividade contábil.

Ocorre que as empresas não gerenciam o surgimento de todas as suas demandas e seus gestores lidam com os mais diversos assuntos oriundos das atividades que desenvolvem. As demandas podem envolver um extenso rol de assuntos e exigências, desde os mais genéricos, até os mais específicos. Para oferecer respostas adequadas as empresas precisam lançar mão de todo conhecimento e tecnologia disponível, incluindo a participação do contador.

Ao atender uma empresa que fornece refeições prontas, por exemplo, o contador deve compreender claramente o processo do cliente, habilitando-se a diferenciar custos e despesas, dentre outros. Entretanto, duas empresas neste ramo podem ter necessidades específicas distintas. Se uma delas transaciona com o governo, participando de licitações públicas para fornecer refeições, precisará conhecer os aspectos relacionados a este procedimento, devendo estar apta a preencher e apresentar declarações, formulários e análises contábeis sobre o seu desempenho para atender os editais de licitação. São demandas específicas que podem surgir a qualquer momento. Neste caso, um mínimo de conhecimento sobre processos licitatórios será decisivo para a contratação ou não do profissional contábil.

Além de deter conhecimentos específicos dos clientes, o contador deve estar disponível para auxiliá-los nas suas necessidades, possibilitando-os a oferecerem respostas tempestivas às diversas demandas. Por exemplo, o contador pode ser chamado a participar na especificação de uma proposta comercial para o fornecimento de bens e serviços, o que depende da plena compreensão do processo produtivo do cliente para mensurar custos, despesas, tributos, estimar valores de negociação e resultados possíveis. Tudo dentro do prazo exigido para apresentação.

Outro aspecto relevante está relacionado ao conhecimento do ramo de atuação do cliente, permitindo ao contador realizar benchmark tanto do seu próprio serviço, comparando-o com os serviços prestados por outros contadores às empresas do mesmo segmento, quanto da performance comercial, econômica e financeira do cliente. Além disso, só conhecendo a atividade e o segmento na qual se insere o cliente, o contador poderá oferecer um conjunto de informações estratégicas para direcionamento do negócio. Por exemplo, uma determinada margem líquida pode ser interessante para um varejista de alimentos. O mesmo número será muito aquém do desejado para um escritório de serviços advocatícios.

É evidente a importância de se obter informações e conhecimentos sobre o cliente, seu negócio e seu ramo de atuação, bem como presteza e tempestividade no atendimento de suas demandas. Para alcançar esta performance, o contador deve estruturar o seu próprio negócio, buscando alternativas que o libere para atividades estratégicas em detrimento das rotinas operacionais. Outro ponto importante diz respeito à preparação da sua equipe, compondo-a com pessoas capacitadas, treinadas e comprometidas. Relevante também é a construção de um relacionamento próximo com o cliente, criando um ambiente de transparência, comunicação eficiente, compromisso mútuo e cooperação.

Não se espera que o contador domine todos os assuntos e demandas oriundos dos seus clientes. Mesmo com todo esforço de aprendizado, vários assuntos vão demandar especialistas, surgindo a necessidade de parcerias estratégicas com profissionais de outras áreas, como auditores, advogados, consultores em diversas áreas e outros. Estas parcerias devem priorizar profissionais que compartilham os mesmos valores do cliente, permitindo a continuidade dos princípios que norteiam o relacionamento previamente estabelecido.

Adotando esses diferenciais nos serviços oferecidos e prestados aos clientes, o contador atenderá as expectativas criadas, entregando um trabalho relevante e valioso. A percepção da qualidade dos serviços e a satisfação dos clientes certamente resultará em melhores remunerações e indicação dos serviços para novos clientes.

FORMA DE MEDIDA DO CONHECIMENTO DE CLIENTES

O mínimo que um cliente espera é que seu contador o conheça. Não somente os dados básicos da empresa e da pessoa responsável por se relacionar com o contador. Mais do que isso, os clientes esperam um interesse sincero do contador por cada um dos seus clientes, respeitando as características da empresa e seus gestores. É fato que quanto mais um fornecedor conhecer de seus clientes, maior é a probabilidade de desenvolver relações duradoras com eles.

Por isso, é preciso saber se os clientes percebem que o contador possui conhecimentos sobre eles. E isso requer medidas que demonstrem o quanto os contadores são vistos como conhecedores de seus clientes. Assim, a recomendação é não realizar perguntas diretas, pois os clientes podem não revelar o que realmente pensam. Dessa forma, o contador pode utilizar três indicadores (presentes na Figura 5) por meio das frases a seguir, solicitando que os clientes atribuam uma nota de 0 (discordância total) a 10 (concordância total) para cada frase.

Figura 5. *Indicadores do conhecimento de clientes*

Frase 1: O meu contador se adapta às demandas dos clientes, especialmente as que fogem da rotina.

Aqui o objetivo é verificar o quanto os clientes percebem que os contadores são flexíveis em reconhecer e atender as demandas dos clientes, principalmente em situações especiais. Muito da percepção da qualidade de um contador por seus clientes está relacionado a ajudar a resolver questões críticas e de difícil resolução. O contador de qualidade, nesses casos, age como um parceiro que vai proativamente auxiliar nos problemas dos clientes, oferecendo recomendações e sugestões em busca de soluções para demandas especiais dos seus clientes.

Frase 2: O meu contador compreende as especificidades dos clientes.

Nesta questão, busca-se identificar junto aos clientes o quanto eles reconhecem que os contadores sabem dos seus negócios, sabem das particularidades das empresas-clientes dos contadores. Ao solicitar que os clientes avaliem isso, o contador pode ter uma noção de quanto os clientes percebem a atenção que o contador dá para as suas empresas. Demonstrações de conhecimento do contador das especificidades de cada cliente podem gerar mais confiança nos clientes.

Frase 3: O meu contador possui conhecimento sobre o ramo de atuação dos clientes.

Esta última frase amplia a percepção do contador sobre como os clientes veem a preocupação do contador com eles. Não é somente entender do negócio dos clientes, mais do que isso, entender as particularidades do setor de atuação de cada um deles, com atenção especial às normas e regulações que podem impactar nos seus negócios. Ser bem avaliado neste quesito eleva a condição do contador para ser visto pelos clientes como um parceiro do negócio, como alguém com quem contar quando necessário.

Analisando os 3 aspectos apresentados acima, é possível observar como os clientes percebem a atenção que o contador dá aos seus clientes. Não é somente um atendimento atencioso e um relacionamento próximo, é mais do que isso. Alcançar a qualidade nos serviços contábeis na visão dos clientes requer um contador mais completo, com mais competências, várias delas distintas do serviço tradicional de contabilidade. Um contador de qualidade, na visão dos clientes, é aquele que, além de realizar seus serviços, também os conhece profundamente.

5.
CONFIANÇA NO CONTADOR

As atividades contábeis implicam em uma prestação de serviços continuada ao longo do tempo, diferente de muitos serviços pontuais, que se encerram no momento da sua execução. As empresas e demais organizações, geralmente, possuem prazo de duração de suas atividades por um período indeterminado, resultando na necessidade de atividades contábeis contínuas e com período de duração também indeterminado. Esta situação de continuidade indeterminada exige características próprias dos prestadores de serviços contábeis para alcançarem os resultados desejados, ou seja, serviços de qualidade prestados aos clientes.

Uma prestação de serviços contábeis continuada exige, como as demais relações profissionais com características similares, a construção de uma parceria cujos pilares se assentam na confiança, promovendo um relacionamento construtivo entre as partes. O profissional contábil devidamente capacitado, imbuído da visão consultiva e conhecendo o seu cliente, deve construir um relacionamento sólido e transparente com os seus clientes, tratando-os de forma cortês e respeitosa, apresentando respostas corretas e proposições adequadas para as questões apresentadas.

Aspectos como assertividade, tratamento respeitoso, transparência, tempestividade e disponibilidade por parte do contador levam o cliente a confiar no profissional e no seu trabalho. A confiança no contador representa a credibilidade do serviço contábil perante os seus clientes, bem como o relacionamento entre as partes, fazendo com que haja uma segurança nas trocas de informações. O cliente passa a confiar no contador e a sentir-se seguro em dividir questões estratégicas e sigilosas do seu negócio, permitindo um amplo envolvimento do seu parceiro na proposição de medidas e avaliação de decisões previamente definidas.

Por exemplo, é muito comum as empresas serem abordadas por consultorias tributárias propondo sugestões mais agressivas ou menos agressivas para recuperação de tributos ou para redução da carga tributária. O contador que conquistou a confiança do seu cliente será ouvido e seu posicionamento considerado antes de qualquer decisão, podendo levar o cliente a evitar qualquer contratação que envolva estratégias tributárias arriscadas com riscos de prejuízos futuros.

Portanto, é fundamental conquistar a confiança do cliente, sem a qual o contador não terá reconhecimento nem espaço para desenvolver as suas atividades com eficácia. A manutenção de um relacionamento continuado por tempo indeterminado implica em entregar ao cliente um serviço no qual ele confia, desenvolvido por pessoas nas quais também tem confiança.

PONTO DE VISTA DO CLIENTE

A confiança é a base fundamental de qualquer relacionamento, pessoal ou profissional. A falta de confiança entre as partes de uma relação corrói o relacionamento, que geralmente não durará muito. Independente de qual cliente seja, a confiança no contador é algo a ser estabelecido desde o princípio e deve-se fazer de tudo para que essa relação não se quebre entre as partes.

Para o cliente, confiar no contador é necessário, pois tal profissional possui diversas informações da empresa e que, muitas vezes, não podem ser conhecidas pelo mercado. São informações capazes de gerar vantagem competitiva em relação aos concorrentes. O contador e sua equipe precisam ser confiáveis, sendo que esse aspecto pode favorecer uma relação de parceria entre clientes e contador. Uma relação de parceria tende a ser duradoura e clientes que confiam no seu contador potencialmente dividem suas estratégias, suas preocupações e seus planos com esse profissional. Mas como construir uma relação de confiança entre o contador e seus clientes?

O primeiro passo é a imagem do contador. Precisamos lembrar que vivemos em uma sociedade baseada em imagem. Isso significa que as pessoas julgam pelo que elas veem. Deste modo, o primeiro passo para o contador é parecer confiável, é transmitir uma imagem de profissional no qual se pode confiar.

Mas se engana quem acha que imagem está associada apenas a aparência. Não é somente um visual adequado. A imagem de um profissional também é construída a partir da sua postura e da sua comunicação. De nada adianta ter uma aparência irrepreensível se o contador não se comporta corretamente, ou mesmo fala coisas que não deveria falar.

Na visão dos clientes, um contador de confiança, incluindo a sua equipe, preza pelo respeito e cordialidade. Esse tende a ser o primeiro passo para desenvolver uma relação de confiança entre o contador e cada um de seus clientes. É preciso lembrar que o contador é um profissional que atende empresas, e, por isso, seu comportamento deve estar adequado a cada tipo de cliente. Não é o cliente que precisa se ajustar, é o contador.

Isso requer uma capacidade de observar como se comportar junto a cada cliente. Há clientes mais extrovertidos, que confiam mais facilmente e geram uma relação de proximidade. Há clientes mais desconfiados, preocupados com o que falam. Os variados tipos de comportamentos dos clientes exigem dos contadores muita capacidade de adaptabilidade, o que se reflete depois em confiança.

Ao construir uma imagem adequada, focalizando principalmente no respeito e cordialidade, para o contador conquistar a confiança de seus clientes ele precisa transmitir segurança. A segurança é um dos aspectos chave para o estabelecimento de relacionamentos com confiança. Esse aspecto envolve não somente o contador, mas toda a sua equipe. E também envolve segurança nas falas com os seus clientes, bem como na transmissão de informações e dados. São dois aspectos distintos.

Primero, o contador deve garantir aos clientes que há poucas chances de os dados da empresa vazarem de alguma forma. Também que não há perda de informações e documentos. O contador precisa demonstrar os cuidados que toma para proteger os seus clientes, sendo esse aspecto um dos elementos que geram confiança. É preciso garantir isso!

Em segundo lugar, o próprio trabalho do contador deve inspirar confiança. Demonstrações de conhecimentos, de convicção de que sabe do que está falando, tende a gerar uma intenção nos clientes de dividir informações estratégicas e confidenciais para que o contador possa colaborar com a empresa. Ao chegar nesse ponto, o prestador de serviço contábil, sem dúvida, conquistou a confiança do cliente.

É claro que o contador tem de propor soluções e resolver problemas. De nada adianta uma imagem adequada, um sistema de segurança de informações, uma fala segura no trato com os clientes, se o contador não resolver as demandas dos clientes, ou pelo menos propor soluções. A confiança se estende à competência do contador em tratar situações de clientes que exijam a intervenção do contador.

Competências essas que são adquiridas ao longo do tempo, com conhecimentos, informações e experiências. É mais fácil confiar em um contador que demonstra capacidade de resolver as questões dos clientes, de forma segura, cordial e respeitosa. Isso somado é uma importante indicação de qualidade do contador. Sempre é importante lembrar que contadores confiáveis são vistos como de melhor de qualidade, que pode resultar em mais satisfação de clientes, lealdade desses clientes e indicações para novos clientes.

PONTO DE VISTA DO CONTADOR

Conquistar a confiança dos clientes é um desafio para o contador e sua equipe. Vale ressaltar que a confiança a ser conquistada não é só a do empresário ou gestor, mas de todos que participam do negócio, o que amplia a dificuldade. Isto porque, além de atentar ao seu próprio relacionamento com o cliente, o contador deve cuidar de como a sua equipe se relaciona com cada cliente e seu time.

Obter a confiança do cliente é um processo e não ocorre no primeiro contato, em que pese este ser relevante para que a confiança seja estabelecida. Portanto, desde o primeiro momento o contador deve transmitir sinais de credibilidade, oriundos do seu comportamento social, da organização e apresentação do seu escritório e da sua equipe de trabalho. A atenção e respeito ao cliente são imprescindíveis e obrigatórios, seja em um simples atendimento telefônico, ou em momentos críticos e complexos que eventualmente ocorram.

Um ponto relevante é a postura do contador e sua equipe perante as mais diversas situações enfrentadas pelo cliente. O contador não deve fazer juízo de valor do cliente, mas apontar o que é exigido pelas normas e orientar o seu correto cumprimento, tudo dentro da ética prevista no código de conduta profissional. Ao se portar desta maneira, conquistará a confiança do cliente para expor os mais diversos problemas e situações, possibilitando discutir e apontar soluções viáveis e necessárias a cada questão. Por exemplo, se o cliente não registra um empregado para reduzir as despesas com encargos sociais, deve ser orientado a fazê-lo, evidenciando o risco de autuação a que está exposto e, em alguns casos, o custo tributário adicional, já que ao não registrar a despesa incorrida, terá uma maior tributação sobre o resultado da empresa. Não cabe ao contador emitir juízo de valor sobre a situação.

Além do tratamento cordial e respeitoso, o cliente deve sentir-se seguro em relação aos dados e informações do seu negócio. O contador e sua equipe, mesmo atendendo vários clientes, deve ser capaz de individualizar o atendimento, por meio do registro e atenção às especificidades de cada um, promovendo reuniões de alinhamento, nas quais os processos e rotinas são discutidos para garantir agilidade, precisão e discrição na troca de dados, informações e execução das tarefas.

É muito relevante esclarecer como os dados e informações dos clientes e dos seus negócios são tratados, de forma a garantir que estes não sejam vazados ou divulgados por qualquer meio. Para isso, o contador deve cercar-se da tecnologia adequada para a troca, armazenamento e processamento de dados digitais, mantendo cópias de segurança e possibilitando rastreamento dos acessos às informações, por exemplo.

É comum o cliente chegar no escritório de contabilidade e dirigir-se ao contador ou a um de seus colaboradores, encontrando-o desenvolvendo atividades de outro cliente. O contador deve cercar-se de cuidados para não expor dados de terceiros nestas ocasiões, mostrando ao cliente que faria o mesmo se a situação fosse inversa. É adequado equipar o ambiente de trabalho com locais próprios para reuniões, evitando o contato de um cliente com dados e informações de outro cliente.

Se por um lado, os contatos advindos das atividades rotineiras contribuem para o estabelecimento da confiança no contador, as reuniões e conversas mais próximas, nas quais se discutem problemas e são propostas soluções, são basilares para se estabelecer a confiança e credibilidade no contador. Nestas ocasiões o cliente avalia a postura profissional do contador, como este conduz os assuntos e como emprega seus conhecimentos e informações para propor alternativas ou soluções, adquirindo confiança no contador.

Vencer todos os desafios de forma a desenvolver no cliente a confiança no contador é um trabalho contínuo e desafiador, já que cada cliente tem o seu perfil, suas características e expectativas. É preciso estabelecer um relacionamento profícuo para conquistar a confiança do cliente desde o primeiro contato, em que pese a confiança não ser necessariamente conquistada no primeiro dia.

Inicialmente o contador deve buscar ter credibilidade junto ao cliente, mostrando integridade ética, transparência, disponibilidade e interesse nos negócios do cliente. À medida que o relacionamento evolui, o respeito no trato com o cliente, a tempestividade e qualidade das respostas, o zelo com os dados e informações recebidos e a disponibilidade para buscar alternativas e soluções por meio de conversas e reuniões, permite ao cliente desenvolver a confiança no contador. A conquista da confiança exige paciência, atenção e firmeza de propósito do contador e sua equipe.

Fazer com que os clientes desenvolvam confiança no contador é primordial para estabelecer relações profissionais duradouras e construtivas.

Sem a confiança do cliente, por mais que o contador desenvolva suas atividades com afinco e precisão, estas não serão valorizadas e poderão ser tratadas com descrédito, levando o cliente a difamar o trabalho prestado. Manter um ambiente adequado para construir a confiança, além de envolver e capacitar a sua equipe na construção de relacionamentos pautados na confiança são obrigatórios para o sucesso do contador e dos seus clientes, refletindo-se na qualidade dos serviços prestados pelo contador.

FORMA DE MEDIDA DA CONFIANÇA NO CONTADOR

A expectativa dos clientes é ter um contador de confiança. Portanto, o contador deve se preocupar em transmitir essa sensação para os seus clientes. A confiança se adquire desde o primeiro momento, o primeiro contato, afinal, a primeira impressão é a que fica. Isso exige do contador cuidados constantes para transmitir confiança. Cuidados com imagem e com comunicação devem fazer parte das atividades do contador.

Isso se estende à equipe do contador. Todo o pessoal, independente de fazer contatos com clientes ou não, deve transmitir a mesma sensação de segurança para os clientes, visto que, em alguns momentos, o contato não será com o contador, mas com membros de sua equipe. Não basta só o contador transmitir confiança, todos devem ter o mesmo cuidado. É preciso sempre lembrar que a base de qualquer relacionamento é a confiança e, uma vez quebrada, dificilmente se recupera.

Para avaliar a confiança que os clientes têm do seu contador, recomenda-se usar os três indicadores apresentados na Figura 6. Da mesma forma que as anteriores, é preciso apresentar a frase a cada cliente e solicitar a ele que atribua uma nota de 0 a 10. Notas mais baixas podem ser indicações de problemas que precisam ser resolvidos. Já notas altas são indicações da qualidade do contador.

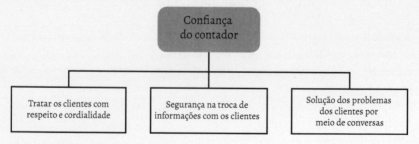

Figura 6. *Indicadores da confiança do contador*

Frase 1: O meu contador trata os clientes com respeito e cordialidade.

Esta frase evidencia a imagem que o contador transmite aos clientes. Ao ser visto como um profissional que trata a todos com respeito e cordialidade, o contador desenvolve uma imagem que os clientes valorizam. Mas cuidado, pois não se trata de respeito somente com o gestor ou o empresário, mas com todos da empresa cliente. Uma nota ruim neste aspecto é um alerta ao contador sobre o seu comportamento.

Frase 2: O meu contador possui segurança na troca de informações com os clientes (por meios digitais e físicos).

Neste item se avaliam dois aspectos: o sistema de segurança do contador e a segurança na transmissão de informações pelo próprio contador. É preciso reconhecer que a segurança é uma das bases da confiança. Se o cliente se sente seguro, ele passa a confiar no contador. Portanto, uma nota baixa aqui vai requerer uma pesquisa adicional para entender que tipo de segurança está faltando o contador transmitir.

Frase 3: O meu contador soluciona os problemas dos clientes por meio de conversas.

Esse aspecto é chave. A confiança vem da capacidade do contador em tratar e resolver as demandas dos clientes. Se o contador possui tais capacidades, a confiança é quase natural, pois os clientes se sentirão mais tranquilos em transferir para o contador problemas que o próprio contador pode resolver. Já uma nota baixa neste quesito é preocupante, pois demonstra que os clientes não se sentem seguros no tratamento de suas demandas pelo contador e isso requer uma profunda reflexão e uma mudança de atitude do contador.

Por fim, cabe destacar que a confiança dos clientes é um dos elementos que indicam a qualidade de um contador. Se o contador quer ser visto pelo mercado como sendo de qualidade, um dos aspectos a desenvolver é a confiança que seus clientes têm nele. Se seus clientes demonstrarem que sentem confiança em seu contador, tal contador é beneficiado com uma imagem de qualidade no mercado. Isso pode se refletir na manutenção dos atuais clientes, bem como na atração de novos clientes.

6.
EFICIÊNCIA DO CONTADOR

A evolução da sociedade impôs uma dinâmica sem precedentes ao ambiente de negócios, exigindo das empresas, dos empresários e de todos os agentes envolvidos nestas atividades, velocidade e precisão de respostas. A apresentação tardia de soluções e respostas, ou erros na sua elaboração ou apresentação, podem causar danos relevantes para os negócios.

Tal exigência encontrou campo fértil na evolução tecnológica, que disponibiliza meios de checagem e conferência de dados, do processamento envolvido e das informações geradas, permitindo às pessoas com um mínimo de conhecimento sobre o assunto em questão, avaliar a procedência, coerência e confiabilidade das informações e soluções propostas. Há informações e soluções tecnológicas disponíveis para avaliar grande parte das atividades contábeis, sejam relacionadas ao gerenciamento da força de trabalho, gerenciamento tributário, aspectos contábeis ou societários. A consequência é uma demanda crescente por assertividade, agilidade e acesso a dados e resultados.

O impacto desta evolução nos serviços contábeis, além de relevante, é percebido em tempo real. Os usuários da contabilidade tornam-se cada vez mais exigentes quanto a eficiência do contador, seja em decorrência das necessidades impostas pela nova realidade do ambiente de negócios, seja porque conseguem avaliar a precisão e velocidade da resposta obtida. É notória a relação direta entre assertividade e tempestividade com a eficiência do contador, definida como a capacidade do contador em ser competente, produtivo e de conseguir cumprir os prazos sempre com o máximo de assertividade.

Ao fazer certo, sem erros, o contador demonstra ao cliente a sua eficiência. Entretanto, não adianta fazer certo se a entrega não for no prazo adequado. Também não adianta fazer certo e no prazo adequado se não houver produtividade, o que impacta diretamente o custo do serviço para o cliente e a rentabilidade obtida pelo contador. E para obter e evidenciar eficiência, o contador deve estabelecer um canal de comunicação acessível e adequado para o cliente apresentar suas demandas e obter respostas, concretizando a entrega do serviço.

O ciclo da eficiência, assertividade e tempestividade com produtividade, e canal adequado de comunicação, é um componente imperativo na obtenção de sucesso pelo cliente e pelo profissional da contabilidade, evitando que as empresas percam prazos e oportunidades de negócios, além de evitar sanções pelo descumprimento de suas obrigações de qualquer natureza. Também contribuem para que o contador e sua equipe sejam bem avaliados, reconhecidos e recomendados, representando qualidade nos serviços contábeis.

PONTO DE VISTA DO CLIENTE

Geralmente os clientes de serviços avaliam a eficiência como um atributo de qualidade, visto que esse aspecto tende a ser um dos mais esperados por eles. Nos casos de clientes de escritórios de contabilidade, isso não é diferente. A eficiência em realizar um serviço faz com que o contador e sua equipe sejam mais bem avaliados pelos clientes. Cumprimento de datas, geração correta de relatórios e boletos de pagamentos, cálculos corretos de impostos, informações precisas, entre outros, são elementos que evidenciam a eficiência do contador perante os seus clientes.

Um dos aspectos chave é, sem dúvida, a ausência de erros. Em virtude do volume de informações geradas por clientes que mais demandam serviços de contabilidade, evitar erros pode ser o principal aspecto de notoriedade e reputação de um escritório de contabilidade. Isso requer variados cuidados e apoio tecnológico. Mas não só isso, a competência do contador e principalmente de sua equipe faz muita diferença no ponto de vista dos clientes.

Portanto, cabe ao contador investir nos aspectos que reduzem a ocorrência de erros nos serviços prestados por seu escritório: uma equipe competente e treinada; e uma estrutura física e tecnológica adequada para a prestação do serviço junto aos clientes. Ter uma equipe competente requer capacidades de gestão. Efetuar processos seletivos para contratação de colaboradores, estar atento aos novos profissionais formados todos os anos, se preparar para realizar entrevistas, treinar continuamente sua equipe e se atualizar constantemente, são aspectos chave para o contador formar um quadro de pessoal altamente competente e gabaritado.

Aliado a isso, prover uma estrutura adequada, tanto física, quanto virtual, para que toda a equipe tenha as ferramentas necessárias para executar as suas atividades de modo preciso. Esses elementos podem reduzir significativamente a ocorrência de erros, resultando em percepções positivas por parte dos clientes.

Mas não é somente evitar erros em informações aos clientes. Há também a necessidade de agilidade na prestação dos serviços aos clientes. Hoje em dia, com os avanços tecnológicos, todos têm muita pressa em praticamente tudo. Os clientes não querem esperar, fazem as solicitações e querem respostas rápidas e sem erros. Contadores que conseguem atender as demandas de seus contratantes com agilidade e precisão tendem a ser vistos como prestadores de serviço de alta qualidade.

Mais uma vez, o segredo está na equipe e na estrutura. As competências da equipe passam também por responder as demandas dos clientes de modo ágil. Providenciar as informações necessárias, antecipar problemas e dar feedbacks rapidamente revela ser uma qualidade dos contadores e sua equipe, refletindo-se na imagem do escritório de contabilidade.

Porém, é preciso ter cuidado. Muitas vezes velocidade rápida e precisão não combinam. Deve-se estar atento a isso. Uma forma de contornar respostas mais demoradas é antecipadamente sinalizar prazos de entrega e cumprir tais prazos. O cliente deve estar ciente da simplicidade ou complexidade de cada tarefa solicitada, evitando criar expectativas irreais. Para isso, o contador deve ter em seu escritório uma gestão muito adequada dos processos relacionados a cada atividade realizada para os clientes. Desenvolver e automatizar processos pode melhorar a eficiência do contador no ponto de vista dos clientes, evitando erros e atrasos.

Entretanto, muitas vezes o problema não é precisão ou agilidade, mas sim comunicação. Esse é mais um aspecto relevante para o contador demonstrar sua eficiência para os seus clientes. Erros acontecem, ou mesmo atrasos, por problemas de comunicação entre o escritório de contabilidade e seus clientes. Por consequência, a comunicação fácil e rápida pode ser uma evidência da eficiência do contador e sua equipe.

Investir em meios de comunicação que favoreçam os contatos dos clientes com o escritório de contabilidade indica ser um elemento que vai se refletir na qualidade dos serviços do contador. Considerando o amplo espectro de possibilidades de comunicação na atualidade, parece ser pouco justificável os clientes terem dificuldades em se comunicar com o seu contador e equipe. Há variadas formas, desde a conversa pessoal e o telefone, até os meios digitais mais atuais, como aplicativos de troca de mensagens instantâneas e redes sociais.

Cabe ao contador identificar os meios de comunicação preferidos de seus clientes e não o contrário. Não são os clientes quem devem se adaptar ao contador, mas exatamente o contrário. O contador, bem como sua equipe, deve privilegiar a comunicação com clientes pelos meios preferidos destes. E isso transparece maior eficiência por parte do contador.

Em resumo, ausência de erros, rapidez em respostas e comunicação fácil e rápida tendem a ser os meios pelos quais os clientes avaliam a eficiência de um contador. Tal eficiência demonstra ser um importante atributo de qualidade nos serviços do contador, ou seja, contadores eficientes são de qualidade. E a qualidade, como já afirmado diversas vezes, é um importante antecedente da satisfação de clientes, o que pode gerar a lealdade de tais clientes, bem com indicações por esses clientes para novos clientes. Investir em eficiência parece ser fundamental para o sucesso do contador e seu escritório de contabilidade.

PONTO DE VISTA DO CONTADOR

A busca da eficiência é uma unanimidade na atividade contábil, mesmo sendo uma meta exigente e rigorosa para ser alcançada. Contudo, o rigor e a exigência não afastam o interesse dos profissionais contábeis em serem reconhecidos como eficientes, resultando no direcionamento de esforços e recursos para que isso ocorra. O contador, geralmente, endereça a sua equipe, os seus processos e a sua estrutura na busca da eficiência, mesmo que não disponha de toda a técnica ou conhecimento necessários para alcançá-la.

Inicialmente, é necessário evitar erros aos quais o contador e sua equipe estão constantemente expostos. Há erros que envolvem conhecimentos técnicos, legais e conceituais sobre determinada situação, que devem ser evitados por meio da capacitação do profissional e da sua equipe. Este tipo de erro pode ocorrer de forma mais pontual, por exemplo, induzindo o cliente a adotar uma estrutura societária inadequada para a sua finalidade ou adotar um regime de tributação mais oneroso.

Os erros operacionais são mais comuns e podem ocorrer com maior frequência. Implicam em erros na elaboração de demonstrativos, apuração de impostos, elaboração de folhas de pagamento, entre outros. Evitá-los requer a adoção de processos bem desenhados, que permitam auditorias, treinamento da equipe e adoção de tecnologias que evitem retrabalho e possibilitem maior grau de automação de rotinas repetitivas. A interação de uma equipe bem treinada com tecnologias inteligentes pode resultar em metodologias relevantes para evitar erros. Por exemplo, o sistema pode emitir um alerta sempre que ocorrer uma determinada variação percentual no salário calculado de determinado colaborador do cliente, ou quando uma guia de tributo apresentar um acréscimo ou decréscimo relevante, exigindo uma avaliação do dado apresentado.

Fazer certo, evitando erros, é primordial para se obter eficiência, mas não terá validade se a atividade não for feita tempestivamente. Os prazos exigidos ou acordados com os clientes devem ser cumpridos com rigor, evidenciando a capacidade de resposta do contador e sua equipe, o comprometimento com o serviço contratado e com o negócio do cliente. A definição de prazos para entregas deve ser feita de forma racional e exige conhecimento do processo e dos prazos legais envolvidos, se for o caso, adequando a alocação de pessoas, estrutura tecnológica e estrutura física para cumprir o que foi previamente acordado. Descumprir prazos pode acarretar danos irreparáveis, como, por exemplo, impossibilidade de o cliente participar de uma concorrência pública por falta de algum demonstrativo ou certidão da empresa.

O compromisso com o acerto e com os prazos precisam se ajustar a uma relação de produtividade adequada, viabilizando a prestação do serviço. Parece ser fácil obter assertividade e cumprir prazos sem limitações de custo, mas certamente não será sustentável. O cliente precisa de assertividade e tempestividade com o menor custo possível, para viabilizar o seu negócio e obter o sucesso desejado. Na outra ponta, o contador precisa ser produtivo para alcançar melhor remuneração pela sua atividade. E aqui há novamente referências a processos corretamente desenhados, equipe capacitada e treinada, além de estrutura adequada, tanto no aspecto físico quanto no aspecto tecnológico. O contador deve ser capaz de gerir adequadamente este conjunto de recursos para entregar aos seus clientes, no mínimo, o que foi contratado.

Outro aspecto relevante na busca da eficiência diz respeito ao estabelecimento de canais de comunicação eficientes, permitindo acesso fácil e ágil para o cliente apresentar suas demandas e obter respostas e entregas. Isto implica em oferecer possibilidades de comunicação e acesso aos serviços pelo cliente, preferencialmente pelo meio que for mais adequado para ele e disponível na maior parte possível do tempo. De nada adianta o contador prover serviços com assertividade, tempestividade e a custos adequados, se o cliente não consegue solicitá-los ou recebê-los. Portanto, o prazo de entrega só se encerra quando o cliente acessa o serviço disponibilizado.

Além dos canais e métodos tradicionais, existem tecnologias disponíveis para estabelecer este contato, tanto para o recebimento de demandas dos clientes, quanto para apresentação de respostas e entregas de serviços. Cabe ao contador ofertar ao cliente a alternativa que melhor se adequa a sua realidade, garantindo o acesso ao serviço prestado e materializando a eficiência alcançada.

A eficiência do contador e, por consequência, do serviço contábil prestado, envolve a observância de todos os aspectos abordados. Ser reconhecido como eficiente pelo cliente é mandatório para a continuidade do relacionamento profissional, pois isso reflete a qualidade do contador e sua equipe. Não é crível que um cliente, com suas demandas e necessidades, contrate um profissional cuja atuação é estratégica para os seus negócios, como é o caso do contador, que não seja capaz de exercer a sua atividade com assertividade, além de não cumprir prazos.

Por seu turno, o contador é obrigado a buscar a eficiência e demonstrá-la para o seu cliente. Para vencer este desafio é necessária atenção à sua própria capacitação e a capacitação e treinamento da sua equipe, seja no atendimento de demandas rotineiras ou eventuais, na execução criteriosa dos diversos processos relacionados à contabilidade, na atenção, validação e interpretação das respostas, dados, números ou qualquer tipo de entrega a ser feita. Deve cuidar também para que os clientes tenham acesso irrestrito aos serviços oferecidos, seja por métodos e meios tradicionais ou tecnológicos. O sucesso do cliente passa pela eficiência do contador. O sucesso do contador depende integralmente da sua eficiência e como ela é percebida pelo cliente.

FORMA DE MEDIDA DA EFICIÊNCIA DO CONTADOR

Para um contador observar sua eficiência, não basta fazer uma avaliação interna de seus processos, equipe e estrutura. O mais importante é identificar a eficiência do escritório de contabilidade na visão dos clientes. Por vezes, o contador pode acreditar que é altamente eficiente, mas isso não necessariamente se reflete nas percepções dos clientes, que geralmente não entendem como o escritório e os serviços contábeis funcionam.

Deste modo, é relevante que o contador consulte seus clientes para saber qual é o seu nível de eficiência percebida por aqueles que não acompanham o dia a dia do escritório de contabilidade. Para resolver isso, os indicadores presentes na Figura 7 representam os aspectos fundamentais na visão dos clientes para que o contador e sua equipe sejam percebidos como eficientes, pois a mensuração direta pode não capturar a realidade. Cada frase criada a partir dos indicadores deve ser apresentada aos clientes e ser solicitado a eles que atribuam uma nota de 0 a 10, sendo 0 a discordância total e 10 a concordância total. Os resultados são indicadores para o contador observar como melhorar a sua eficiência na visão dos clientes.

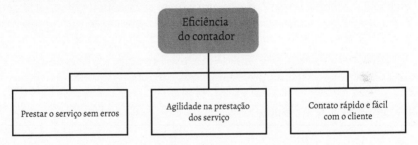

Figura 7. *Indicadores da eficiência do contador*

Frase 1: O meu contador presta seus serviços sem erros.

Esta frase representa a visão dos clientes com relação à ausência de erros por parte do contador. É certo que erros acontecem e todos estão sujeitos a isso. O problema é quando os erros se repetem ou são muito frequentes. Assim sendo, notas baixas nesta frase pode ser um importante indicador para o contador rever seus processos internos, sua estrutura e principalmente as competências e qualificações da equipe.

Frase 2: Demonstra ter agilidade na prestação dos serviços.

A segunda frase que mede eficiência refere-se à velocidade na prestação dos serviços pelo contador e sua equipe. Pouco adianta ter processos precisos, sem erros, se forem muito lentos na visão dos clientes. Os clientes precisam de respostas rápidas de seu contador para as variadas demandas que surgem diariamente. Eventuais notas baixas neste quesito mostram ao contador que ele precisa ajustar especialmente os seus processos para que o tempo de resposta seja adequado às necessidades dos clientes.

Frase 3: Permite um contato rápido e fácil com o cliente.

A última frase que mede a eficiência do contador é a comunicação. Na visão dos clientes, falar com seu contador deve ser rápido e fácil. Especialmente na atualidade, com um grande rol de ferramentas de comunicação, dificuldades pelos clientes em se comunicar com seus escritórios de contabilidade parece não ter justificativa. O contador e sua equipe precisam ser facilmente comunicáveis e notas baixas nesse indicador pode alertar o contador para a sua comunicação, que deve ser pelos meios preferidos pelos clientes.

Em resumo, medir a eficiência do contador mostra-se como um elemento que reflete a qualidade do próprio contador. Investir em eficiência pode trazer benefícios ao contador, pois ser reconhecido como eficiente pode significar qualidade nas visões dos clientes. E a qualidade percebida tende a trazer diversos ganhos e vantagens, pois os clientes do contador provavelmente ficarão mais satisfeitos, afinal erros, atrasos e falta de comunicação são tudo o que um gestor ou empresário não quer no seu prestador de serviços contábeis.

7.
INOVAÇÃO TECNOLÓGICA DO CONTADOR

Uma pequena retrospectiva no tempo evidencia como a inovação tecnológica transformou a prestação de serviços contábeis. Sem preocupação com a exatidão cronológica, pois não é o objetivo aqui, pode-se verificar que há trinta anos os escritórios tinham uma formatação completamente diferente da atual. A rotina era dominada pelas máquinas de datilografia, formulários e papéis em abundância. Aqui e ali eram percebidos os primeiros passos na utilização da informática, com poucos computadores compartilhados entre vários usuários para a escrituração obrigatória dos livros contábeis. Falava-se em integração dos diversos setores da contabilidade, mas isto ainda era incipiente.

Com o passar dos anos, o ambiente do trabalho contábil foi totalmente transformado. Os dados e informações processados migraram do meio físico para o eletrônico. A maior parte dos processos e rotinas suportam hoje em dia um elevado grau de automação e integração. A troca de dados e informações é realizada por meios digitais, baseada em ampla conectividade entre prestador de serviços, clientes, órgãos reguladores e de fiscalização. As obrigações as quais as empresas estão sujeitas, são cumpridas utilizando-se meios tecnológicos, tanto no preenchimento das informações, quanto nas entregas aos órgãos competentes.

Diante desta realidade, resta ao contador reconhecer, entender e adotar a inovação tecnológica no seu dia a dia. A inovação tecnológica é definida como a capacidade do escritório de contabilidade em implementar novos sistemas e automatizar processos, que facilitam, agilizam e auxiliam na evolução das atividades que envolvem a prestação do serviço. O reconhecimento e entendimento pressupõe uma constante vigilância entre demandas do cliente, necessidades oriundas dos processos contábeis e exigências legais, identificando pontos nos quais a adoção de inovações tecnológicas pode se mostrar adequada na obtenção de melhores resultados.

Além de obrigatória para cumprir determinadas exigências impostas às empresas e racionalizar toda a atividade contábil, a inovação tecnológica abriu uma extensa fronteira relacionada ao estabelecimento de canais de comunicação de via dupla com os clientes. Neste aspecto, a tecnologia permite ampla conectividade entre o escritório de contabilidade e o cliente, abrindo um universo de estratégias para a prestação de serviços contábeis. Cabe ao contador estar atento a tudo isso, buscando inovações que resultem em melhores resultados para os clientes e para o escritório de contabilidade.

PONTO DE VISTA DO CLIENTE

Pela perspectiva do cliente, a tecnologia associada ao serviço é um dos elementos que vem se tornado cada vez mais importante para a percepção de qualidade de prestadores de serviços. De modo geral, fornecedores de serviços vêm investindo em ferramentas tecnológicas para melhorar as entregas aos seus clientes, além de utilizá-las como meio de comunicação. Isso não é diferente para escritórios de contabilidade.

Com o desenvolvimento tecnológico, os serviços contábeis vêm sendo aprimorados, facilitando principalmente a vida dos clientes. Estes tendem a ver seu contador como um profissional atualizado conforme as ferramentas tecnológicas que o ele e sua equipe utilizam. Tais elementos devem ser do conhecimento dos clientes e cabe ao contador demonstrar as ferramentas tecnológicas que apoiam o serviço prestado para que os clientes se sintam seguros e certos de que o contador executa um serviço de excelência.

Deste modo, o contador pode agregar ferramentas tecnológicas ao serviço contábil, não somente ligado ao próprio serviço, mas também ferramentas de comunicação com os clientes e gestão do escritório. Tais ferramentas, se bem utilizadas, podem refletir a qualidade do contador e sua equipe. Investir em tecnologia pode trazer bons resultados para o contador, não somente para melhor atender aos clientes, mas também para ganhar eficiência e reduzir custos. Tudo isso se reflete no serviço entregue ao cliente.

Um dos aspectos de destaque na questão tecnológica é facilitar a troca de informações por meios digitais entre o contador e seus clientes. A boa comunicação entre o contador e seus clientes é um sinal de qualidade do serviço do contador. A comunicação digital mostra-se necessária na atualidade, pois diversos clientes vêm exigindo variados meios de comunicação, permitindo assim acessar seu contador sempre que necessário.

Por causa disso, o contador precisa investir em meios de comunicação digital para oferecer um rol variado de opções para que seus clientes façam contato com o contador sempre que necessário. É claro que a interação pessoal ainda é um dos meios mais importantes de contato entre o contador e seus clientes, mas muitas questões podem ser facilmente resolvidas se existirem canais digitais de comunicação, melhorando a produtividade do contador e sua equipe, bem como agilizando as respostas aos clientes.

Outro aspecto tecnológico valorizado pelos clientes e que pode requerer investimento por parte do contador é facilitar aos clientes o acesso às suas informações, com a utilização de plataformas digitais para permiti-los acompanharem suas informações contábeis, financeiras e fiscais em tempo real. Especialmente clientes com forte tendência a planejamento e gestão, ter informações é um elemento fundamental para tomada de decisão. E o contador que provê isso aos clientes pode ser visto como tendo alta qualidade.

Assim sendo, investir em tecnologias para o escritório de contabilidade não deve ser somente para o contador e sua equipe, mas sim ultrapassar as fronteiras da empresa e alcançar os clientes. Eles tendem a valorizar muito a facilidade de acesso a dados e informações, pois tais elementos são a base de uma boa gestão. E o contador pode colaborar muito com isso, visto que é ele quem trata informações contábeis, fiscais e financeiras da empresa.

A troca de informações entre contador e clientes em tempo real e por meio digital costuma ser incomum na realidade atual. Isso demonstra ser uma oportunidade para um contador se destacar no mercado, pois os clientes valorizam isso e requerem mais participação do contador na produção de informações e indicadores para seus clientes. Deste modo, conhecimentos em gestão e sistemas tecnológicos que ofereçam informações e indicadores empresariais de cada cliente pode ser um importante diferencial dos contadores e respectivos escritórios de contabilidade.

Isso tende a se refletir na aproximação do contador e seus clientes por vários meios, especialmente os tecnológicos. Os clientes esperam isso. Eles possuem a expectativa que o contador vai facilitar os contatos, especialmente usando meios digitais para melhorar o seu desempenho junto aos clientes. A interação digital mostra-se uma tendência que precisa ser acompanhada pelos contadores e sua equipe. Aprender sobre tais tecnologias, não somente as específicas para o serviço de contabilidade, mas também as plataformas de interação com os clientes podem contribuir para a imagem de qualidade do contador e seu escritório.

Em resumo, um elemento que pode refletir a qualidade do contador refere-se às inovações tecnológicas que ele adota. Em um mundo cada vez mais baseado em ambientes virtuais e plataformas digitais, estar atualizado e usando tecnologias eficazes pode trazer para o contador uma imagem de qualidade, que tende a se refletir na satisfação e lealdade de seus clientes, bem como na capacidade do contador em atrair novos clientes.

PONTO DE VISTA DO CONTADOR

Dentro dos escritórios de contabilidade, a inovação tecnológica alterou processos, rotinas, metodologias e ferramentas contábeis de tal forma que, praticamente, não se concebe a moderna contabilidade sem a utilização da tecnologia, independente do porte da empresa ou do escritório contábil. Esta transformação e dependência digital trouxeram desafios, exigindo investimentos, conhecimentos e domínio de tecnologias que nunca estiveram totalmente prontas, ao contrário, encontram-se em constante desenvolvimento.

O contador, profissional outrora caricaturado como prudente e conservador, associado às atividades de retaguarda dos negócios, viu-se alçado ao protagonismo na geração de dados e informações tão necessários ao ambiente de negócios e ao processo decisório das empresas. Para desincumbir-se das novas exigências, precisou reinventar-se, assumindo novos papéis e novas posições, ocupando espaços ampliados pela tecnologia, sua parceira e relevante ferramenta de trabalho.

Todavia, a transformação digital não foi e não é um processo marcado pela serenidade. Em primeiro plano, veio a necessidade de desenvolvimento de novas habilidades e conhecimentos para lidar com a tecnologia, um desafio principalmente para os profissionais e equipes mais longevas na atividade, instigados a assimilar temas cujos limites se estendem além do alcance do olhar. Ao mesmo tempo, os contadores se depararam com um desafio recorrente até os dias atuais, o qual se refere a dificuldade em encontrar soluções adequadas para escritórios de contabilidade. Além da evolução natural das linguagens e tecnologias de processamento de dados, os programas, aplicativos e sistemas contábeis oferecidos pelo mercado precisam se ajustar às legislações, geralmente complexas, voláteis, de difícil sistematização e com diferentes exigências em jurisdições distintas.

Ao longo dos últimos anos os contadores se viram obrigados a promover a substituição dos seus sistemas, sempre em busca daquele mais atualizado, mais integrado e alinhado com as necessidades dos clientes e com o atendimento das exigências fiscais e contábeis. Paralelamente, tornou-se obrigatória a aquisição de sistemas ou aplicativos complementares que integram diversas atividades, como, por exemplo, captura de dados e documentos eletrônicos, protocolo e disponibilização de documentos e guias de recolhimento de tributos para os clientes, auditoria e edição de arquivos digitais obrigatórios, geração e edição de arquivos gerenciais amigáveis, soluções para backup e segurança de dados, soluções para redes de dados, soluções para atendimento ao cliente em diferentes canais e soluções para conectividade entre o escritório e os clientes, dentre outros.

Dominar o conjunto de soluções para obter a melhor funcionalidade é tarefa exigente, notadamente quando se apresentam necessidades específicas de alguns clientes em utilizar um determinado software ou plataforma tecnológica imprescindível ao seu negócio. Tal situação vem exigindo dos escritórios a contratação de mão de obra especializada na área de tecnologia, buscando um suporte mínimo para que tudo isso funcione e produza os resultados necessários, devendo, em alguns casos, desenvolver soluções próprias que contribuam nas atividades, rotinas e processos contábeis,

Outro aspecto relevante da tecnologia é o impacto verificado na outra ponta da atividade contábil. Trata-se da ampliação das exigências feitas pelos órgãos e agências reguladoras, pelas fiscalizações tributárias em todos os âmbitos e pelos demais usuários da contabilidade. Todos estes agentes ampliaram o seu alcance sobre as atividades empresariais e, por consequência, sobre as atividades contábeis. A atividade do contador passou a ser acompanhada remota e eletronicamente, com a utilização de tecnologias, em sua maioria, mais avançadas e capacitadas tecnologicamente do que aquelas detidas pela maioria dos escritórios de contabilidade.

Embora possa haver diferentes visões e entendimentos sobre os avanços da tecnologia e o seu papel na contabilidade, é certo que esta depende integralmente daquela, considerando a necessidade de processamento de volumes expressivos de dados em prazos cada vez mais exíguos e a crescente demanda dos clientes por informações úteis, confiáveis, acessíveis, tempestivas e disponíveis em formato digital. Isto quer dizer que o contador precisa estar atento aos avanços da tecnologia para conquistar a qualidade na sua atividade.

O primeiro passo é conhecer as diversas tecnologias e ferramentas tecnológicas disponíveis, relacionadas à atividade contábil, identificando aquelas que possam ser adequadas e úteis. A utilização de ferramentas tecnológicas é imprescindível para a automação e racionalização das atividades rotineiras e repetitivas do contador, liberando-o para uma atuação estratégica junto aos seus clientes. É desejável, talvez até imprescindível, que o contador utilize ferramentas que permitam conectividade com os seus clientes.

A conectividade pode implicar troca de dados com maior agilidade e precisão, tanto para importar dados gerados pelos clientes, a exemplo de notas fiscais emitidas e recebidas, extratos digitais e outros, como para enviar ou disponibilizar relatórios contábeis ou gerenciais. A conectividade evita perda de tempo com contatos evitáveis, solicitando dados e informações rotineiras de ambas as partes, trazendo maior racionalidade à atividade contábil, maior percepção de qualidade no serviço contábil e maior satisfação do cliente.

Em suma, o contador e sua equipe devem buscar uma integração e interação permanente e construtiva com a tecnologia, criando e implantando soluções que favoreçam a realização das atividades contábeis de forma racional, tempestiva, econômica e eficiente. Tudo isso com foco na atenção e atendimento às demandas dos clientes, criando uma percepção de proximidade deste com o contador e sua equipe, além de facilidade no acesso a dados e relatórios, que estarão disponíveis ou serão entregues mesmo que não sejam solicitados. Independente do esforço exigido, nenhum profissional contábil conseguirá qualidade nas suas atividades sem a adoção expressiva de soluções tecnológicas. E só a qualidade percebida pelo cliente será capaz de garantir resultados e prosperidade ao escritório de contabilidade.

FORMA DE MEDIDA DA INOVAÇÃO TECNOLÓGICA DO CONTADOR

Estar atualizado tecnologicamente indica ser quase que uma obrigatoriedade para prestadores de serviços contábeis. Não é somente utilizando softwares que automatizam os serviços de contabilidade, mas também adotando plataformas digitais que favoreçam a relação do contador com os seus clientes. A inovação tecnológica do contador se mostra como um elemento que transmite a qualidade do seu serviço para o mercado. Por isso, é importante investir em tecnologias.

Porém, as vezes o cliente não toma ciência de que o seu contador investe em tecnologias. Não basta fazer os investimentos, é preciso demonstrar para os contratantes o quão tecnológico é o contador e sua equipe. Isso geralmente se reflete no desempenho do escritório de contabilidade e os clientes por vezes não percebem isso. Por isso, é preciso medir. A Figura 8 apresenta quatro indicadores que avaliam as percepções dos clientes de escritórios de contabilidade a respeito da inovação tecnológica do contador e seu escritório. Cada frase, criada a partir de tais indicadores, deve vir acompanhada de uma escala de 0 a 10, sendo 0 discordância total e 10 concordância total. Ao utilizar essas frases junto aos clientes, o contador pode ter uma visão clara de como os clientes veem a utilização de tecnologias no escritório de contabilidade do qual é cliente.

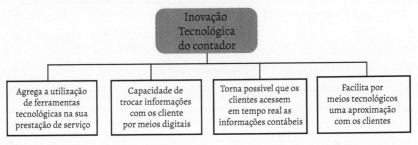

Figura 8. *Indicadores da inovação tecnológica do contador*

Frase 1: O meu contador agrega a utilização de ferramentas tecnológicas na sua prestação do serviço.

Ao submeter essa frase à análise dos clientes e receber notas altas é um bom sinal, pois os clientes reconhecerão o esforço do contador em investir em tecnologias. Porém, se as notas forem baixas, isso por ser sinal de duas coisas: o contador não faz investimentos tecnológicos; o contador faz os investimentos em tecnologia, mas os clientes não sabem. No primeiro caso, é preciso o contador rever o seu planejamento e começar a considerar investimentos em tecnologia, pois isso é importante para os clientes. No segundo caso, é importante o contador fazer os clientes conhecerem as tecnologias adotadas pelos contadores, não somente para executar os serviços contábeis, mas também tecnologias que aproximem os clientes ao contador.

Frase 2: O meu contador possui capacidade de trocar informações com os clientes por meios digitais.

Neste caso, notas altas podem ser motivo de reconhecimento por parte dos clientes do esforço do contador em estar sempre em contato com os seus clientes. Já notas baixas são fonte de preocupação, pois a troca de informações por meios digitais é uma tendência e os clientes vêm, cada vez mais, valorizando esses atributos tecnológicos de seus fornecedores. Pode ser um importante indicativo para o contador focalizar seus investimentos em tecnologias de comunicação com os seus clientes.

Frase 3: O meu contador torna possível que os clientes acessem em tempo real as informações contábeis.

Complementar à frase anterior, notas altas podem representar que o contador vem conseguindo forte aproximação com os seus clientes, pois os clientes podem acompanhar o trabalho contábil, fiscal, financeiro desenvolvido pelo contador. Porém, notas baixas mostram que os clientes não percebem a capacidade do contador em conectar os seus clientes com os serviços realizados pelo escritório de contabilidade. Recomenda-se pensar em soluções que permitam os clientes observarem suas informações sem nem mesmo ter de solicitar isso ao contador.

Frase 4: O meu contador facilita por meios tecnológicos uma aproximação com os clientes.

Essa frase final fecha a avaliação das inovações tecnológicas do contador. Se o cliente atribui uma nota alta, ele reconhece o esforço do contador em estar próximo aos seus clientes, usando todos meios possíveis. Mas, notas baixas podem significar um distanciamento entre o contador e seus clientes, pois os recursos tecnológicos, entre as várias possibilidades, podem favorecer a aproximação do contador com os seus clientes, o que eleva a capacidade do contador em contribuir com sua clientela.

Por fim, é importante destacar que o conjunto de frases apresentado pode mostrar a realidade do contador e seu escritório sob o ponto de vista dos clientes no que se refere à inovação tecnológica do contador. Vale lembrar que a inovação tecnológica é uma dimensão da qualidade dos serviços contábeis na visão dos clientes. Isto é, quanto melhores forem percebidas as inovações tecnológicas do contador por parte dos clientes, mais qualidade tem o contador. Isso é positivo, pois qualidade é o principal antecedente da satisfação de clientes, que pode levar à lealdade dos mesmos e à atração de novos clientes por meio de indicações dos atuais clientes.

8.
MENSURAÇÃO DA QUALIDADE DOS SERVIÇOS DE ESCRITÓRIOS DE CONTABILIDADE

Como discutimos nos capítulos anteriores, a qualidade dos serviços de contabilidade é um conceito complexo explicado por diversos aspectos[3], que por sua vez são constituídos pelos seus próprios indicadores. Isso significa dizer que um escritório de contabilidade não consegue capturar a percepção de qualidade do seu serviço se basicamente pedir para o cliente dar uma nota de 0 a 10 no serviço entregue. Essa medida seria simplória e ineficiente. Além do mais, não traria direcionamentos para que o contador tomasse decisões de melhoria para o seu serviço.

Pensando nisso, propusemos uma forma de medida, um questionário, que tem a função de capturar a percepção do cliente sobre cada um dos aspectos que constituem a qualidade dos serviços do contador e seu escritório. Assim, por meio da nota dada em cada item, é possível analisar a qualidade do serviço prestado, além de gerar informações ricas para os contadores em relação a cada uma das dimensões e indicadores que compõem a qualidade de serviços.

CONTEÚDO DO QUESTIONÁRIO

A falta da disponibilidade de um instrumento voltado para a contabilidade que ajude na gestão da qualidade de serviços dos escritórios nos motivou a construir o questionário que mensura as percepções dos clientes. Para o desenvolvimento deste instrumento, realizamos uma pesquisa que envolveu diferentes etapas e estudos para identificarmos os fatores que compõem a qualidade dos serviços de contabilidade e validarmos sobre a lente do rigor científico. Primeiramente, fizemos uma rodada de entrevistas com diferentes agentes envolvidos no processo do serviço contábil: contadores, clientes, representantes de órgão reguladores e acadêmicos. Com base nestas entrevistas identificamos os itens mais importantes que compõem a qualidade de serviços. Em seguida, aplicamos uma validação destes itens por meio de questionários com centenas de clientes de escritórios de contabilidade. Com isso foi possível agruparmos os itens em dimensões. Por fim, fizemos mais uma rodada de aplicação de questionários com diversos clientes para atingirmos a versão final do questionário, contendo os fatores da qualidade dos serviços do contador e seus indicadores.

---

3 Azzari, V., Mainardes, E.W., Beiruth, A.X., Costa, F.M. (2021). The dimensions of accounting service quality. *SN Business & Economics*, 1, 105. https://doi.org/10.1007/s43546-021-00107-z

Com base nesta validação, o instrumento de mensuração da qualidade dos serviços contábeis é composto por quatro dimensões: o conhecimento do contador, a confiança no contador, a eficiência do contador e a inovação tecnológica. A primeira dimensão, conhecimento do contador, é composta pela visão consultiva, pelo conhecimento de clientes e pela capacitação técnica desse profissional. No geral, cada uma das dimensões que estão presentes no questionário é mensurada por 3 ou 4 itens que tendem a capturar diretamente a percepção do cliente sobre aquele aspecto. O questionário possui no total 19 sentenças que precisam ser avaliadas pelo cliente em relação ao serviço prestado pelo seu contador para evidenciar a qualidade do serviço contábil.

ESTRUTURA DO QUESTIONÁRIO

O questionário é estruturado de forma simples para democratizar a sua aplicação. Assim, mesmo contadores que não estejam acostumados com pesquisa de mercado poderão utilizá-lo. E, por outro lado, clientes de diferentes tipos e tamanhos também entenderão os termos e aspectos que estão sendo destacados em cada um dos itens presentes no questionário.

A seguir apresentamos a estrutura do questionário (Figura 9) com um exemplo de enunciado que direciona o cliente sobre a forma como deve ser respondido. Os clientes avaliarão o seu nível de concordância em uma escala de 0 (discordo totalmente) a 10 (concordo totalmente) para cada um dos itens de acordo com o serviço contábil que utilizam/contratam. Em outras palavras, eles avaliarão se a sentença apresentada condiz com a realidade do escritório de contabilidade (ou contador autônomo) que presta serviços a eles.

Pedimos que você avalie o seu nível de concordância com os itens abaixo em relação aos serviços que prestamos para a sua empresa. Para isso, considere uma escala variando de "discordo totalmente" (0) a "concordo totalmente" (10).

O meu contador...	0	1	2	3	4	5	6	7	8	9	10
VC1 - Interpreta e analisa as informações contábeis dos clientes.											
VC2 - É proativo em propor práticas que geram benefícios aos clientes.											
VC3 - Participa (ou comenta que participa) constantemente de treinamentos e capacitações.											
CT1- Demonstra atualização quanto a leis e normas.											
CT2 - Possui flexibilidade para atender a diferentes tipos de demandas.											
CT3 - Possui uma visão clara sobre os produtos e serviços dos clientes.											
CC1 - Se adapta às demandas dos clientes, especialmente as que fogem da rotina.											
CC2 - Compreende as especificidades dos clientes.											
CC3 - Possui conhecimento sobre o ramo de atuação dos clientes.											
CO1 - Trata os clientes com respeito e cordialidade.											
CO2 - Possui segurança na troca de informações com os clientes (por meios digitais e físicos).											
CO3 - Soluciona os problemas dos clientes por meio de conversas.											
EF1 - Presta seus serviços sem erros.											
EF2 - Demonstra ter agilidade na prestação dos serviços.											
EF3 - Permite um contato rápido e fácil com o cliente.											
IT1 - Agrega a utilização de ferramentas tecnológicas na sua prestação do serviço.											
IT2 - Possui capacidade de trocar informações com os clientes por meios digitais.											
IT3 - Torna possível que os clientes acessem em tempo real as informações contábeis.											
IT4 - Facilita por meios tecnológicos uma aproximação com os clientes.											

Figura 9. *Estrutura do questionário*

Para efetuar as medidas, é preciso que os itens sejam apresentados em um formato de questionário. Atualmente várias ferramentas de aplicação de pesquisa online estão disponíveis de forma gratuita. Portanto, o contador pode aplicar esta estrutura em um questionário online. Dessa forma, ele poderá ser enviado aos clientes através de link por meios eletrônicos. Isso inclusive facilita a organização dos dados gerados, que na maioria das ferramentas permite a exportação para planilhas estruturadas.

APLICAÇÃO DAS MEDIDAS E ANÁLISE DOS RESULTADOS

Ao falarmos da escala de mensuração de qualidade de serviços, é preciso quebrarmos alguns paradigmas sobre a quantificação da percepção dos clientes quanto aos serviços prestados. Primeiramente, como é uma escala que engloba todos os aspectos levados em consideração para a avaliação do serviço, muitos contadores podem hesitar em aplicar este tipo de questionário por achar que isso fará com que seus clientes percebam vários pontos fracos que antes não haviam notado. Este é um grande erro na busca da alta qualidade. É preciso ter em mente que a identificação de pontos de melhoria é importante para a evolução da prestação do serviço. Afinal, se torna muito mais fácil pensar em melhorias quando se sabe qual é o aspecto específico que carece de adequações. Além disso, investe-se no que é realmente importante para os clientes, evitando desperdício de recursos, ao investir em algo que não faz qualquer diferença para os clientes.

Outro ponto diz respeito à vinculação da nota gerada na escala à mecanismos de gestão de carreira dos colaboradores do escritório de contabilidade. É normal vermos em diferentes setores a aplicação de escalas de satisfação sendo utilizadas como mecanismos de avaliação e promoção de funcionários e atendentes. Dessa forma, as notas dos clientes se tornam essenciais para a progressão de cargos e salários dos colaboradores ou a pagamento de comissões. Isso faz com que muitos funcionários se sintam instigados a convencer os clientes a darem boas notas para não os prejudicar. Isso criará um viés nas notas e fará com que o resultado da análise não reflita a real percepção de qualidade do serviço prestado.

Geralmente, para evitar estes problemas, podemos optar por manter as respostas em anonimato. Isso dá uma tranquilidade maior ao cliente em passar a sua verdadeira opinião sobre o serviço. Entretanto, dessa forma o contador ficará impedido de trabalhar o relacionamento e a satisfação com clientes de forma específica com base nas notas geradas por eles. Por exemplo, é possível que alguns clientes tenham uma visão mais deteriorada em relação a dimensão eficiência, enquanto outros não tem uma boa percepção sobre a inovação tecnológica do escritório de contabilidade. Dessa forma, se torna importante entender a avaliação e a necessidade de cada um para que a gestão da qualidade de serviços seja adequada e personalizada.

Portanto, mesmo mantendo as respostas identificáveis, o contador pode evitar os problemas descritos anteriormente ao deixar claro para os clientes o real objetivo desta ferramenta. É preciso que eles fiquem cientes que se trata de uma avaliação dos serviços prestados e que os resultados serão utilizados para um processo de melhoria contínua. Além disso, é preciso que os respondentes estejam confortáveis em passar a sua real opinião. Caso contrário, os dados perderão sua validade e a escala será uma ferramenta ineficaz de gestão.

Ao garantir que estes problemas estarão controlados, o contador poderá partir para a aplicação do questionário. Por meio das respostas dos clientes serão gerados dados quantitativos variando de 0 a 10. Como vimos anteriormente, cada aspecto que compõe a qualidade dos serviços de contabilidade é, por sua vez, composto pelos seus itens. E são eles que serão mensurados na escala. Portanto, a primeira parte da análise deverá ser feita por meio do cálculo da média para cada um destes aspectos. Por exemplo, para chegarmos na nota da dimensão Confiança temos:

$$\text{Confiança} = \frac{CO_1 + CO_2 + CO_3}{3}$$

Especificamente para a dimensão Conhecimento do Contador, que é composta por três subdimensões, é preciso que se tire a média dos itens de cada uma das subdimensões e após isso seja calculada a média delas para que se chegue no índice referente ao Conhecimento do Contador. Ou seja, se um escritório de contabilidade teve as notas 9, 8 e 10 para respectivamente os quesitos Visão Consultiva, Capacitação Técnica e Conhecimento de clientes, então a nota para a dimensão Conhecimento do Contador será 9, que representa a média das subdimensões.

Por fim, após todas as dimensões terem a sua devida pontuação calculada, é possível chegar na pontuação da qualidade geral dos serviços prestados. Para isso tiraremos a média das notas dadas nas quatro dimensões e assim teremos a nota para a qualidade geral dos serviços contábeis. A figura 10 detalha a estrutura para que as notas sejam calculadas.

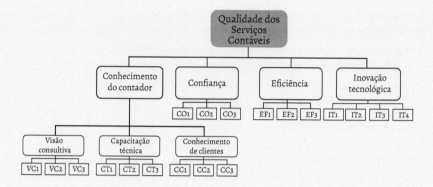

Figura 10. *Fluxo de cálculo das notas*

Tanto para a nota obtida para a qualidade geral dos serviços quanto para cada uma das dimensões, podemos utilizar a interpretação apresentada na Figura 11. Com notas entre 9 e 10, podemos interpretar que o serviço prestado é percebido como de alta qualidade e que o cliente tem uma maior possibilidade de se sentir satisfeito e gerar recomendações para terceiros contratarem aquele serviço. As notas entre 7 e 8 indicam um posicionamento neutro. O cliente não reconhece o serviço como de alta qualidade. E isso representa um alerta amarelo, já que ele pode estar suscetível às investidas da concorrência. Por fim, notas entre 0 e 6 indicam um alerta vermelho para o contador. Os clientes percebem o serviço como de baixa qualidade e estarão mais aptos a finalizarem a relação com este prestador de serviço contábil, além de ter uma imagem negativa que pode ser divulgada para outras empresas.

Figura 11. *Análise da pontuação da escala*

As notas geradas podem gerar importantes insights para o escritório de contabilidade. E cabe ao gestor deste escritório implementar indicadores que sejam úteis para a sua realidade. Por exemplo, se tratando de um prestador de serviços contábeis com uma grande gama de clientes, a análise de nota pode ser feita para diferentes grupos. Assim, o contador poderá verificar se seus clientes do setor de varejo têm a mesma percepção de qualidade do que clientes do setor industrial. Outra análise interessante pode ser a separação de grupo de clientes com base nos serviços que eles contratam. Como os clientes que só contratam assessoria tributária avaliam a qualidade do serviço? E os que contratam assessoria financeira?

Além de observar a nota geral de qualidade dos serviços prestados, o cálculo de notas para cada uma das dimensões destaca uma importante função da escala. Com ela será possível verificar o ponto específico de melhoria para que as devidas ações sejam tomadas. Portanto, sugerimos sempre que as pontuações sejam analisadas à nível das dimensões e até mesmo a nível dos indicadores, olhando especificamente os problemas e as melhorias a realizar. Ou seja, há dados para uma análise aprofundada da qualidade dos serviços do contador e seu escritório.

AÇÕES A REALIZAR PARA RESOLVER PROBLEMAS DE QUALIDADE

Conforme apresentamos anteriormente, é possível fazer uma divisão de prioridades entre três grupos com base nas notas atribuídas. As dimensões (e seus respectivos indicadores) que foram classificadas como baixa qualidade pelos clientes são as que merecem maior atenção de imediato. Afinal, são elas que representam uma ameaça clara para o escritório de contabilidade naquele momento.

Como este instrumento possui itens que compõem cada uma das dimensões, isso nos permite identificar de forma precisa o ponto de melhoria para que a percepção do cliente se altere. Portanto, a nossa indicação é que seja feita uma análise hierárquica do geral para o específico. Em outras palavras, o contador irá verificar a pontuação de qualidade geral obtida. Após esta primeira análise, o contador deverá verificar a pontuação obtida para cada uma das dimensões. A dimensão que tiver uma pontuação mais crítica, ou seja, um valor mais baixo é a que carece de mais atenção naquele momento. Portanto, cabe ao contador fazer uma análise mais detalhada da pontuação dada para cada um dos itens que compõem esta dimensão com menor nota, pois eles os indicarão onde de fato está o problema.

Em uma situação hipotética, vamos supor que um contador realizou a aplicação do questionário com 50 clientes e obteve a nota média de 4,5 para a dimensão Eficiência. Esta é uma nota considerada baixa pela escala apresentada na figura 5, e faz com que o contador precise ligar o alerta. Portanto, cabe ao contador analisar cada um dos itens que compõem esta dimensão (EF1, EF2 e EF3) e verificar suas respectivas notas. Assim, irá criar um critério de prioridades de ações que deverão ser tomadas para a melhoria do serviço. Supondo neste exemplo que as médias das notas de cada um dos três indicadores tenha sido: EF1 = 2, EF2 = 5,5 e EF3 = 6, percebemos que a pior nota para este escritório de contabilidade está no indicador EF1, que representa o item de "prestação de serviço sem erros" (ver figura 3). Tendo essa percepção clara, cabe ao contador a elaborar medidas que irão reduzir o problema de execução de serviço com erros. Como, por exemplo, implementando um sistema de dupla checagem por dois diferentes colaboradores do escritório de contabilidade. Depois de alguns meses o questionário poderá ser aplicado novamente para verificar por meio da pontuação se esta ação tomada obteve sucesso pela perspectiva do cliente.

Portanto, além do questionário servir como um termômetro da percepção dos clientes em relação à qualidade do serviço prestado, ele também pode ser utilizado como um instrumento que checa a efetividade das ações de melhoria que foram implementadas.

EXCELÊNCIA NOS SERVIÇOS CONTÁBEIS

No decorrer dos capítulos nos desafiamos a discutir os diferentes aspectos que são levados em consideração para a prestação de um serviço contábil de qualidade. Fizemos uma análise de cada uma das dimensões que compõem a avaliação da qualidade dos serviços de contabilidade e como que elas podem ser medidas de forma prática. Por fim, apresentamos neste capítulo um instrumento para ser utilizado pelos contadores como uma ferramenta de gestão que se propõe a quantificar a percepção dos seus clientes sobre os seus serviços.

Toda esta estrutura foi pensada com o objetivo de ajudar os prestadores de serviços contábeis a terem um guia prático em busca da excelência dos serviços prestados. Concluímos que a qualidade de serviços no contexto da contabilidade é um tema complexo e que envolve diferentes fatores. Dessa forma, percebemos que os clientes possuem diferentes necessidades que envolvem aspectos técnicos, estratégicos e de relacionamento. Para um contador preocupado com a busca pela excelência, o constante controle, a mensuração e a melhoria destes aspectos são fundamentais.

Entre os vários pontos investigados, um dos destacados foi a necessidade de o contador manter proximidade com os seus clientes. Isso permite gerar maior confiança no serviço entregue e maior parceria na coprodução e troca de informações, o que por sua vez irá gerar um círculo virtuoso que beneficiará a qualidade do serviço entregue.

Além disso, o contador precisa estar atento ao seu conhecimento. A contabilidade é uma área que exige constantes atualizações, que impactam diretamente o serviço prestado, por exemplo no que diz respeito a mudanças de normas tributárias e legislativas. Isso exige a atenção dos contadores, que também precisam buscar conhecimentos específicos sobre os setores de atuação de seus clientes e conhecimentos estratégicos voltados para assessorá-los como uma espécie de consultor de negócios.

Em complemento, no papel de gestor de um escritório de contabilidade, a atenção à celeridade e assertividade do serviço são pontos muito importantes para os clientes. Afinal, a perda de um prazo na entrega do serviço pode acarretar multas e prejuízos financeiros para o cliente. Enquanto os erros no serviço podem levar a tomar decisões equivocadas para a sua empresa.

Por fim, mas não menos importante, é preciso que o serviço contábil esteja alinhado com as necessidades tecnológicas do setor. Embora alguns contadores ainda pensem que as inovações podem ser uma ameaça à existência da contabilidade, na verdade ela deve ser encarada como uma grande aliada, já que permite a execução de atividades de forma mais ágil e assertiva, além de permitir a gestão de um grande amontoado de dados e informações.

Entendemos que, com a rotina atarefada de um escritório de contabilidade, o foco em todos estes elementos não é uma tarefa fácil. Sabemos que muitos contadores estão ocupados em resolver problemas que surgem ao longo do dia e da semana e não tem uma rotina voltada para a melhoria do seu negócio como um todo. Para isso, pensamos no desenvolvimento de um instrumento que pode ser aplicado e seus resultados analisados de forma simples e sem um conhecimento profundo sobre pesquisa de mercado. Com este instrumento, o contador poderá ter um termômetro dos pontos cruciais a serem melhorados.

Em busca da prestação de um serviço de excelência, é importante uma aplicação constante deste questionário. O ideal é que cada cliente responda a esse questionário a cada seis meses de prestação de serviço. Assim, com o passar do tempo, o escritório de contabilidade terá uma série de dados históricos sobre a percepção dos clientes em diferentes aspectos do serviço, podendo analisar as ações que foram aplicadas e se elas obtiveram sucesso em melhorar a qualidade. Além disso, será uma forma de manter sempre sob controle a imagem que o cliente possui sobre o serviço recebido. Isso pode gerar benefícios de curto e longo prazo, como a satisfação, redução no índice de perda de clientes, lealdade, atração de clientes e recomendação dos serviços do contador pelos atuais clientes.

DICAS FINAIS

Para entregar serviços contábeis com qualidade o contador precisa adotar padrões para rotinas, processos, relacionamento e comunicação com os clientes e usuários dos seus serviços, tudo abordado até aqui com embasamento em pesquisa científica. No entanto, existem diversos aspectos subjacentes à adoção destes padrões ou dimensões da qualidade nos serviços contábeis, que parece adequado serem discutidos.

Ao empreender qualquer atividade contábil, faz-se apoiado em amplos e inegociáveis padrões éticos. Salvo algum aspecto que se possa desconhecer, a ética exige legalidade, imparcialidade e transparência, pilares mínimos para construir a reputação e a credibilidade necessários a profissionais que possuem acesso a dados, relatórios, estratégias e uma infinidade das mais diversas informações sobre operações e negócios de seus clientes. A ética está intrinsecamente relacionada aos princípios e valores declarados pelo seu negócio. Não se pode permitir que estes princípios e valores se transformem em uma simples decoração na parede. Deve-se ser ético e exigir o mesmo comportamento de toda a sua equipe. É preciso ser um exemplo para a sociedade como um todo, para os seus clientes, para os seus colaboradores.

As suas ações, e não as suas palavras, irão delinear a sua história como pessoa e como profissional. A sua apresentação, a maneira como você se comporta em qualquer local, tudo o que você faz dentro e fora do seu ambiente de trabalho, tudo isso importa. Vale também para todos que trabalham com o contador e está intrinsecamente relacionado à confiança no mesmo. Antes de ser um profissional confiável, é necessário ser uma pessoa confiável.

Preparar-se, ter domínio da sua atividade, conhecer a fundo o que se faz, as suas obrigações e demais exigências do seu ofício. Não pode ser mais ou menos ou, simplesmente, ter uma noção superficial do que está fazendo. Adquirir expertise em contabilidade, o que lhe renderá bons frutos no relacionamento com clientes e usuários da contabilidade. Isso é essencial para que os clientes se certifiquem do conhecimento do contador e, por conseguinte, da qualidade dos serviços prestados. Ao mesmo tempo, adquirir uma visão geral sobre administração, direito, economia, finanças, e outros ramos de conhecimento que afetam a contabilidade e os negócios do seu cliente. Afinal, os clientes esperam que o contador seja também um consultor.

Também é preciso estruturar o seu negócio. Ter coragem de investir em estrutura. Escritórios de contabilidade improvisados, abarrotados de papéis, instalados em locais improvisados, ficaram no passado. Os clientes, e também os colaboradores, não depositarão confiança em um negócio que mal consegue se estabelecer. Estrutura adequada não está associada a luxo, mas a um ambiente mínimo para desenvolver atividades de forma organizada e produtiva. Além dos aspectos físicos, a atividade contábil exige investimentos em tecnologia, que envolvem equipamentos, infraestrutura e soluções para processamento adequado de dados, comunicação e conectividade. Hoje, e ao que parece, cada vez mais, a tecnologia se faz necessária ao desempenho de todas as atividades contábeis, sendo indispensável para promover a automação e racionalização de rotinas e processos, garantindo assertividade, produtividade e liberando o contador para atividades estratégicas.

Também deve-se montar uma equipe de primeira linha. Cercar-se de excelência. A atração de pessoas com potencial, interesse e compromisso é fundamental para o sucesso da atividade contábil. O contador precisa identificar e atrair pessoas com esse perfil, mesmo que seja necessário recorrer a profissionais especializados em seleção de recursos humanos. Pode ser relevante implantar um programa de estágio, o qual oportuniza identificar talentos que se moldam aos valores do escritório contábil. Montada a equipe, respeitar, reconhecer e valorizar todos que contribuem para o sucesso do seu cliente e por consequência, o sucesso e qualidade do seu negócio. E não se esquecer de delegar, principalmente se o crescimento estiver no seu horizonte.

Acertar é humano e, portanto, deve-se privilegiar o acerto. Ter sempre em mente o compromisso com o acerto e incutir esta visão em sua equipe. Fazer certo ou errado implica no mesmo esforço, mas as consequências são bastante distintas. O erro é inerente à condição humana, mas pode e deve ser evitado. Estabelecer processos adequados, desenvolver checagens e conferências de modo a garantir a maior assertividade possível. Evitar um ambiente no qual se busca apontar culpados por erros, ao contrário, permitir que estes sejam precocemente identificados e corrigidos quando ocorrerem. Reconhecer, comemorar e premiar os acertos, tornando-os um valor para sua equipe e um diferencial nos seus serviços.

O contador e sua equipe nunca estarão prontos. A atividade profissional é um processo dinâmico, em constante mutação e evolução. Fazer dos estudos e treinamentos, processos rotineiros no seu negócio. Acompanhar as mudanças nas normas e a evolução da ciência contábil. Estar atento ao mundo, à evolução da sociedade, à evolução tecnológica e ao surgimento ou desaparecimento de tendências e demandas. Ser tecnológico, ser estratégico: o mundo, seus clientes e os negócios, exigem.

E mais, escutar e aprender. O conhecimento e a verdade estão em todos os lugares. As pessoas, com suas diferentes experiências e visão de mundo, são fontes inesgotáveis de sabedoria e aprendizado. Não se apegar ao seu conjunto de conhecimentos e habilidades. Eles podem ser suficientes para o dia de hoje, mas em algum momento, poderão estar incompletos ou obsoletos.

Criar relacionamentos construtivos com empresas e órgãos relacionados à sua atividade. A contabilidade é acompanhada por órgãos de fiscalização tributária, conselhos profissionais, instituições financeiras, institutos de pesquisa e muitos outros. Construir com todos, além do respeito obrigatório, um relacionamento profissional e produtivo, amparado na veracidade dos fatos e informações e na observação rigorosa de prazos. Assim, o contador será reverenciado e recomendado pela sua transparência, confiabilidade e eficiência.

Além disso, estabelecer parcerias de trabalho, com colegas de profissão e profissionais de áreas afins. Os profissionais da contabilidade não são inimigos, ao contrário, com eles pode-se estabelecer uma rede de apoio e troca de experiências e informações. Estabelecer também parcerias com profissionais de outras áreas, como, por exemplo, advogados, consultores ambientais, desenvolvedores de softwares e outros. Ter humildade para reconhecer o que está fora do seu alcance e utilizar suas parcerias para prover soluções aos seus clientes. Parcerias também são úteis para oferecer serviços adicionais aos clientes, mantendo o vínculo existente com a contabilidade. As parcerias devem ser estabelecidas com base em similaridade de princípios e valores morais. Remunerações ao escritório de contabilidade só devem ser discutidas se envolver a execução de algum trabalho. É imensurável a independência, transparência e credibilidade obtidos com este procedimento.

Ter interesse verdadeiro no sucesso do cliente, ser seu parceiro. Se nada disso for possível, talvez seja melhor não se propor a atendê-lo. A atividade contábil é uma prestação de serviços continuada. Se os interesses das partes não forem comuns, resultará em insatisfação e possíveis danos à imagem do contador. Além disso, o sucesso do contador está interligado ao sucesso dos seus clientes.

Aceitar desafios e preparar-se para enfrentá-los. No decurso das atividades surgirão inúmeros desafios que deverão ser enfrentados com sabedoria. Preparar-se para desafios, mantendo uma rotina de aprendizado, desenvolvendo uma visão estratégica que auxilie na previsão de possíveis dificuldades futuras. As parcerias construídas com os clientes e com outros profissionais serão fundamentais nestas situações. O desafio aceito e o trabalho concluído adequadamente serão relevantes para evidenciar o valor do contador e sua equipe.

Por fim, buscar sempre o equilíbrio, na profissão, no ambiente de trabalho e na vida. Para se desincumbir de todas as obrigações, oferecendo serviços percebidos como de qualidade pelos clientes, o contador precisa estar bem física e mentalmente. Cultivar bons hábitos que o ajudem a ter disposição e interesse em cumprir com a rotina exigente, mas gratificante, da contabilidade, afinal é um serviço de grande valor para a sociedade e o contador deve estar ciente do seu papel.

9.
SUGESTÕES
DE LEITURAS

1. Zeithaml, V. A., Bitner, M. J., & Gremler, D. D. (2014). *Marketing de serviços-: a empresa com foco no cliente.* Amgh Editora.

2. Fitzsimmons, J. A., & Fitzsimmons, M. J. (2014). *Administração de Serviços-: Operações, Estratégia e Tecnologia da Informação.* Amgh Editora.

3. Lovelock, C., Wirtz, J., & Hemzo, M. A. (2011). *Marketing de serviços: pessoas, tecnologia e estratégia.* Saraiva Educação SA.

4. Grönroos, C. (2009). *Marketing: gerenciamento e serviços.* Elsevier Editora.

5. Lovelock, C. H., & Wright, L. (2002). *Serviços: marketing e gestão.* Saraiva.

6. Paladini, E. P., & Bridi, E. (2000). *Gestão e avaliação da qualidade em serviços para organizações competitivas: estratégias básicas eo cliente misterioso.* Editora Atlas SA.

7. Kotler, P. (2002). *Marketing de serviços profissionais.* Editora Manole Ltda.

8. Hoffman, K. D., & Bateson, J. E. (2009). Princípios de marketing de serviços: conceitos, estratégias e casos São Paulo: Cengage Learning.

9. Zeithaml, V. A. (2017). *A excelência em serviços.* Saraiva Educação SA.

10. Liker, J. K., & Ross, K. (2019). *O Modelo Toyota de Excelência em Serviços: A Transformação Lean em Organizações de Serviço.* Bookman.

- editoraletramento
- editoraletramento.com.br
- editoraletramento
- company/grupoeditorialletramento
- grupoletramento
- contato@editoraletramento.com.br

- editoracasadodireito.com
- casadodireitoed
- casadodireito